教育研究论丛
JIAOYU YANJIU LUNCONG

LUN DE XING YANG CHENG

论德性养成

刘　芳◎著

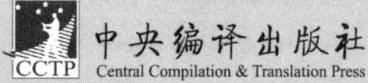

中央编译出版社
Central Compilation & Translation Press

图书在版编目（CIP）数据

论德性养成 / 刘芳著 . -- 北京：中央编译出版社，2016.8
ISBN 978-7-5117-3028-2

Ⅰ . ①论… Ⅱ . ①刘… Ⅲ . ①个人—修养—研究
Ⅳ . ① B825

中国版本图书馆 CIP 数据核字 (2016) 第 122361 号

论德性养成

出 版 人	葛海彦
出版统筹	董　巍
责任编辑	曲建文
责任印制	尹　珺
出版发行	中央编译出版社
地　　址	北京西城区车公庄大街乙 5 号鸿儒大厦 B 座（100044）
电　　话	（010）52612345（总编室）　　（010）52612341（编辑室） （010）52612316（发行部）　　（010）52612317（网络销售） （010）52612346（馆配部）　　（010）55626985（读者服务部）
传　　真	（010）66515838
经　　销	全国新华书店
印　　刷	北京天正元印务有限公司
开　　本	710 毫米 ×1000 毫米　1/16
字　　数	179 千字
印　　张	11.25
版　　次	2016 年 8 月第 1 版第 1 次印刷
定　　价	34.00 元
网　　址	www.cctphome.com　　邮　箱：cctp@cctphome.com
新浪微博	@ 中央编译出版社　　微　信：中央编译出版社（ID：cctphome）
淘宝店铺	中央编译出版社直销店（http://shop108367160.taobao.com）　（010）52612349

本社常年法律顾问：北京嘉润律师事务所律师　　李敬伟　问小牛
凡有印装质量问题，本社负责调换，电话：（010）66509618

序 言

　　德性是人性中蕴含的良好素质，也是人最具有力量的精神品格。"德"也即"得"，当一个人将做人之道，做人之理内化于心，成为一种主体自身的素质，成为人的文化教养时，则具有了"德"，从人性构成角度讲，"德"是人性的主要构成要素，因而称之为"德性"。人的德性决定了一个人的善与恶。

　　德性与德行，作为人的内在文化素质与外在表征与每一个人的生命历程相伴随，影响着人的生活。尽管市场经济最大限度地激发了人们获利的欲望，然而，"向善"的人本欲望，"崇德"的价值理性不会泯灭，德性与德行不仅是一种价值朝向，也以其品格的力量支撑着一个民族的精神。正如英国著名政治改革家和道德家塞缪尔·斯迈尔斯所言："如果一个民族的良好品格无可挽回地损失了，那么，这个民族也就没有什么可值得挽救了。"

　　"德"作为人的内在修养，决定一个人的道德价值取向，也决定了一个人的精神境界。人们常常用"善"与"恶"来看待一个人的好坏，也常常用"有德"与"无德"评价一个人的行为，事实上，"德性"是个体的人性所在，是一个人内在的道德品质。做一个心胸坦荡的人，做一个真诚的人，做一个善良的人，做一个有崇高境界的人，成为社会或群体所认同的人，终究取决于这个人是否有德性。

　　古往今来，关于德性养成问题始终是哲学家、伦理学家们关注的话题。人们并不质疑德性的社会价值或人类价值，而在如何培养人的德性的问题上存在认识上的差异。

　　德性具有非遗传性，这就决定了德性是一种文化建构，是经历社会化而养成的文明素质，是个体经由道德认知、道德理解、道德接受而逐步内化的过程性。"养成"并不能简单地等同于教育，也绝非自然生成。"养"乃教养，是一个文化环境熏陶与主动教育，以及主体自我修身相统一的过程。现代社会生活中，如何看待人的德性养成，如何有效地实现道德的内化，是一个很值得深入探讨的问题。

《论德性养成》一书是刘芳教授多年致力于德性问题研究的专著，凝结了她对这一问题的思考和理性智慧。该书运用文化哲学的思维，从文化建构这一特定的视角研究德性养成问题，很值得一读。看过书稿，我觉得该书集中体现出四个特点：

　　特点一：作者运用文化哲学的理性德性和德性养成的概念作了深入的解读，由此我们知道，人是文化的存在，人与动物相区别的关键点在于文化属性，而"德性"正是人的文化规定性，是人类在长期的文化创造实践中所实现的文化的内化，是主体自我修身而获得的文化建构，也是社会整体道德水准的文化建构。

　　特点二：作者全面阐述了德性生成的文化机理。由此使我们了解到，从内化角度讲，德性以真、善、美为构成元素，以知、情、意的统一为实现过程，体现着价值理性与工具理性的统一；从环境角度讲，德性的养成离不开伦理关系和道德环境、经济关系、政治关系、文化关系、生态关系的影响。

　　特点三：作者深度剖析了当代生活中德性养成的误区。由此可知，市场经济驱使的利益最大化，导致某些个体成员德性缺失，道德约束日趋淡化，德性与德行的分离，工具理性的夸大与价值理性的迷失，德性养成被忽视或丢弃。道德文化自觉的缺失，是社会应有经济、政治、文化秩序被打破，带来了人际关系的紧张，也带来了人们对社会未来的担虑。因此，实现公民德性的养成，是我们不可忽视的重要问题。

　　特点四：作者从文化建构的角度阐述了德性养成的路径。由此可知，当代人的德性养成是一个追求文化自觉，道德文化重构的过程。尽管不同时代德性养成的具体内容与方式有所不同，但德性的人类本质，向善的道德理性，追求高尚的人生境界是恒久不变的。

　　《论德性养成》一书告诉我们，生活是美好的，但美好的生活需要我们创造。德性的养成塑造着人的心灵世界，建构着人类精神的道德秩序，这是文化建构的重要内容，从某种意义上讲，德性的养成决定了人类的文明，也决定着世界未来的秩序。在这部著作出版之际，我希望刘芳教授能将这一问题深入研究下去，进一步解读当代人道德生活的困惑，为我国的道德文化建设提供新的研究成果。

赵继伦
2016.05.15 于长春

摘　要

本书是对德性养成的文化哲学阐释。德性是一个人的内在本质规定，德性使人成其为人，是人之所以为人的关键所在，是人的一种内在的、稳定的品质。德性不是强加的，是自觉自愿的行为。德性是如何养成的？中外哲学家伦理学家众说纷纭。在市场经济发展的今天，提倡和谐、文明，尊重人的主体性，追求人的自由全面发展，时代呼唤加强道德建设。什么样的德性才符合社会发展的标准，已经成为现代社会发展的难题，也是精神文化建设必须解决的问题。

本书主要以文献研究的方法，梳理了中外哲学家、伦理学家对德性的论述，从文化哲学的视阈对德性生成、主体实践、德性养成进行了论述，提出了关于德性养成的时代建构。全书分为五部分。

第一部分，引论。界定了德性和德性养成的概念。德性是一个人的真正的内在本质规定，是在人性的基础上形成的一种获得性人类品质，一种表现为人在实践活动中所形成的较为稳定的品质和能力定势。德性养成是人类在文化的滋养中，形成的较为稳定的人的本质。它是个体以自身内在为根据，又包含多重实践的历史形成过程；以生活实践为本源，由自发到自觉进而走向人的自由全面的发展。

德性养成价值包含了三个方面：一是德性养成的个体价值即人格价值，二是德性养成的文化价值，三是德性养成的社会价值即人生价值。

第二部分，德性生成的文化阐释。梳理了东西方关于德性养成的研究成果，阐述了马克思关于德性的理论，文化哲学关于德性养成的理论。在德性的养成中，德性以真、善、美为人格的构成要素，以知、情、意的全面发展为内涵，体现着价值理性与工具理性的统一。德性主体的内在文化生成，是由于主体实践活动的内化、价值理性的确立、文化修养的提升实现的。同时，德性的养成也离不开：伦理关系及道德环境的影响、经济关系及价值理性的影响、政治关系及政治思想的影响、生态关系及文明意识的影响。

　　第三部分，德性养成的主体实践。人在实践活动中获得了德性，同时又在实践活动中实现了德性的目的。德性养成的价值尺度表现为寻真的科学理性、向善的道德良心、求美的理想目标。以个体实践的行为尺度和社会群体实践的尺度以及社会发展的尺度作为客观标准。德性的养成是由内部因素和外部环境因素共同作用、共同决定的。

　　第四部分，德性养成的误区。社会道德主体的多样性，市场经济利益最大化，致使社会道德约束在人们心中日趋淡化，这将极大地影响社会的协调发展。当代道德危机与德性迷失表现为：主体德性修养的缺失、行为的扭曲和德性与德行的分离。市场经济条件下，德性养成的困境是：工具理性的夸大和价值理性的迷失。德性教化真实效应的缺乏，表现为：自我观念的缺失、德性教育内容的僵化、德性教育形式的教条化。

　　第五部分，文化哲学视阈下的德性养成实践。文化主体意识的确立、主体的自我反省、主体的行为实践构成了文化主体的文化自觉。通过弘扬社会主义核心价值观，在优秀民族文化传统的滋养下，吸纳世界先进文化的元素，重构道德调控模式，有效利用大众传媒方式等，就会养成德性，实现人生价值，实现中华民族的中国梦。

关键词：文化哲学；德性；德性养成；文化；主体；实践

Abstract

The aim of this paper is the illustration of culture and philosophy upon virtue. Virtue is an inner stable quality of a person. It is the key point which makes human be real human and distinct from animals. Instead imposing on someone, it is a volunteering behavior. Philosophers and ethicists at home and aboard point vary on how virtue cultivated. Nowadays, as the developing of market economic, harmonious society, culture, respecting human's entity and pursuing human's free development in an all around way are advocated. And strengthening moral construction is appealed. What kind of virtue will accord with the standard of social development have become an obvious challenge to modern society developing and a problem must be solved for spiritual and cultural construction.

With the method of literature research, this paper presents the virtue's viewpoint of philosophers and ethicists at home and aboard. From the perspective of cultural philosophy, it puts forward the construction of eras about virtue's cultivation. The full paper divides into five parts altogether.

The first part, introduction, defined the concept of virtue and virtue's cultivation. Virtue is a human's real inner essence regulation, an acquired human character based on humanity, a comparatively stable quality and ability set which formed in practice. And virtue's cultivation is a relatively stable essence factor nourished by human culture, a process of history forming which relied on individual himself and concluded multiplex practice, a free comprehensive development which comes from spontaneity to consciousness and stems from daily practice. The value of virtue's cultivation contains three aspects: the first one is individual value of virtue's cultivation that is the value of personality. The second one is the cultural value of virtue's cultivation and the third one is the social value that is the value of life.

The second part is cultural illustration of virtue's cultivation. It sorted out research achievement about virtue's cultivation from the East and the West. And it illustrated virtue theory of Marx and virtue's cultivation theory on culture and philosophy. During the cultivating of it, virtue takes the true, the good and the beautiful as component factors of personality, the knowledgeable, the emotional, and the meaningful as connotations of all-around development and represents the unification between value rationality and instrument rationality. The inner culture formation of virtue's subject is accomplished by internalizing the subjects' practice, establishing the value rationality and improving the cultural standard. Meanwhile, the cultivation of virtue also have something to do with the influence of ethic relationship and moral environment, the affection of economic relationship and value rationality, the impaction of political relation and political thought, the impression of ecological relationship and civilized awareness.

The third part is the subject of practice of virtue's cultivation. Human gained the virtue from the practical activities; they also achieved the purposes of virtue at the same time. The value of virtue's cultivation is behaved that looking for the scientific senses, goodness of virtual conscience, and the beautiful ideal target and regards the behavioral yardstick of the individual practice, the measurement of social practice as the measurement of the social development. Human virtue is cultivated by internal factors and external environmental factors.

The forth part is misunderstanding of virtue's cultivation. The diversity of social morality's subject and the maximum of market economy benefit make social morality's constraint more weaken in the hearts of human. This will extremely influence social coordination and development. The contemporary moral crisis and lost of virtue are performance for the deficiency of the subject of virtue's cultivation, warping of behavior and the separate of virtue and moral integrity. Under the condition of market economy, the predicament of virtue's cultivation is the exaggeration of the tool rationality, the maze of value rationality. The insufficiency of real effect on the education of virtue's cultivation shows the deficiency of self concept, ossification of virtue's educational content and the dogmatic of virtue's educational pattern.

Abstract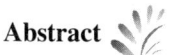

The last part is virtue's cultivation practice under the cultural philosophy. The establishment of the subject of cultural consciousness, the subject of auto-criticism, the subject of behavioral practice are making up of the cultural consciousness of the subject of culture. By propagating socialism core values, nourishing under the excellent cultural tradition, absorbing the advanced culture of the world, regenerating the pattern of moral regulate, effective utilizing the mode of public communication, and so on; the subject of culture will cultivate the virtue, achieve the value of life, come true the China Dream of the Chinese nation.

Key words: Cultural philosophy, Virtue, Virtue's cultivation, Culture, Subject, Practice.

目 录

引 论 1
一、德性与德性的养成 1
    (一) 德性的本质涵义 2
    (二) 德性养成与人的教化 6
    (三) 德性养成与人类文明 10
二、德性养成的价值 12
    (一) 德性养成的个体价值 13
    (二) 德性养成的文化价值 23
    (三) 德性养成的社会价值 27
三、国内外关于德性养成的研究 33
    (一) 德性养成的伦理观念 33
    (二) 德性养成的教育理念 38
    (三) 德性养成的心理分析 40

第一章 德性生成的文化阐释 45
一、德性养成研究的理论积淀 45
    (一) 中西方关于德性养成的文化阐释 46
    (二) 马克思主义关于德性养成的论述 49
    (三) 德性养成的文化哲学视域 52
二、德性的主体文化构成 54
    (一) 真、善、美的构成要素 55
    (二) 知、情、意的结构功能 58
    (三) 工具理性与价值理性的统一 60
三、德性主体文化的内在生成 62

（一）实践活动的内化 …… 63
　　（二）价值理性的确立 …… 67
　　（三）文化修养的提升 …… 69
四、德性养成的文化场域 …… 71
　　（一）伦理关系及道德环境的影响 …… 72
　　（二）经济关系及价值理性的影响 …… 75
　　（三）政治关系及政治思想的影响 …… 80
　　（四）生态关系及文明意识的影响 …… 87

第二章　德性养成的主体实践 …… 91
一、德性养成的尺度 …… 91
　　（一）寻真的科学理性 …… 92
　　（二）向善的道德良心 …… 93
　　（三）求美的理想目标 …… 95
二、德性养成的客观标准 …… 96
　　（一）个体行为的尺度 …… 97
　　（二）群体实践的尺度 …… 98
　　（三）社会发展的尺度 …… 100
三、德性养成的德行实践 …… 102
　　（一）德性的行为外显 …… 102
　　（二）德行向德性的内化 …… 104
　　（三）德性与德行的互化 …… 106

第三章　德性养成的误区 …… 108
一、德性的迷失 …… 108
　　（一）德性修养的缺失 …… 109
　　（二）主体德行的扭曲 …… 111
　　（三）德性与德行的分离 …… 113
二、市场经济条件下德性养成的困境 …… 114
　　（一）工具理性的膨胀 …… 115
　　（二）价值理性的迷失 …… 117

三、德性教化真实效应的缺乏 ……………………………………… 119
　（一）德性养成自我观念的缺失 ………………………………… 120
　（二）德性教育内容的僵化 ……………………………………… 121
　（三）德性教育形式的教条化 …………………………………… 124

第四章　文化哲学视阈下的德性养成实践 …………………………… 126
　一、德性主体的文化自觉 …………………………………………… 126
　　（一）德性主体自我意识的确立 ……………………………… 127
　　（二）德性主体的自我反省 …………………………………… 129
　　（三）德性主体的行为实践 …………………………………… 131
　二、德性养成文化场域的再造 ……………………………………… 132
　　（一）社会主义核心价值观的倡扬 …………………………… 133
　　（二）优秀民族传统文化的滋养 ……………………………… 136
　　（三）世界先进文化的融入 …………………………………… 140
　　（四）道德调控模式的重构 …………………………………… 141
　　（五）大众传媒作用的有效发挥 ……………………………… 145

结束语 ………………………………………………………………… 150
参考文献 ……………………………………………………………… 151
后　记 ………………………………………………………………… 162

引 论

在日常生活中,由于市场经济的快速发展,人们经常面临着多元的、相互冲突的道德选择;人们在经济社会中为追求个人利益的最大化,影响了道德选择,忽视了德性的培养,使人们的道德实践陷入困境。很多人生活上很富足,精神上却处于迷茫中,常常感觉不幸福。发达国家和发展中国家的社会发展历史证明,一个国家仅仅停留在经济增长的追求上是不会长久的,人自身素质的下降会成为社会进步的羁绊和国家繁荣的危机。见死不救的"小悦悦事件"和伤害儿童身心的"绿领巾事件",老人倒地应不应该搀扶等,拷问着人们的道德良知。可以说,一个社会不讲经济发展和效益最大化就不能有今天的发展,但是仅仅讲利益讲经济增长不讲道德,这个社会一定没有未来。"道德品质(德性,比如与邻为善、慷慨助人等)在传统社会中原为天然定位,不言而喻,但在当代社会却不免于被冷落和被遗忘的命运。这便是德性在当代社会中的困境。"① 走出困境,道德教育和社会教化是提升人的道德素质和树立社会良好风气的一个重要方面,但同时必须重视自身内在道德品质的提高,即德性的养成。德性的养成能塑造人的道德自觉和心灵的秩序,是社会发展、人类进步的内在动力。德性的养成,能抚慰心灵的浮躁不安,遏制犯罪发生,是实现人的自由全面发展的力量。所以,在当今我们重视德性养成,了解德性的本质,把握德性养成在现实中的意义,理解德性养成与建设和谐社会的关系等,这些都有必要进行深入的探讨和研究。

一、德性与德性的养成

自古以来,哲学家、伦理学家一直没有停止对于德性问题的探讨。古希腊的亚里士多德等哲学家以强调德性在道德生活中的必要性而著称,我

---

① 陈根法:《德性论》,上海人民出版社2004年版,第2页。

国先秦的哲学家们对德性研究认为人们只需潜心于道德修养就可以获得人生所需的智慧。近代以后，随着社会的发展，哲学家、伦理学家对德性本质和内容的认识不断丰富和发展，不断探寻人生的意义，找寻德性养成的方法和途径，越来越需要对德性进行专门的研究。

（一）德性的本质涵义

"德性"是一个哲学范畴，在中国哲学史上首先是以"德"这一概念形式来表示的。在《中庸》中才首次将"德"与"性"合在一起。

1. 关于"德"的定义

德，《说文解字》："升也。"本义是登升。与今所言道德义本无直接联系。道德义的本字是"惪"，《说文解字》："外得于人，内得于己也。从直从心。"[1]段玉裁注："内得己，谓身心所自得也。外得于人，谓惠泽使人得之也。俗字段德为之。"依段注，"德"是指在人与人之间联系和人际交往的过程中，不仅能够"以善念存诸心中，使身心互其益"，还能够"以善德施之他人，使众人各得其益"。因此，"德"实际上指一个人内在的"品质"规定、自觉性和能动性。

不过，最初"德"并不完全具有"外得于人，内得于己"的道德涵义。直到《尚书》中，才渐渐把"德"作为接受天命的前提，并有"经德秉哲""敬德""明德"之说。[2]

《论语》中的"德"包括内在的修养、修炼与外在的德行两个方面。这两个方面本来是紧密联系不可分割的，内心的修养必然要转化为外在的行动。孝、悌、礼、义、友、勇、忠、信等这些德目无不兼具这两个方面的内容。

《现代汉语词典》中是这样解释的：德，指道德；品行；政治品质。德性同德行。

2. "性"的涵义

性，《说文解字》："人之阳气性善者也。"段注引《论语》曰："性相近也。"引《孟子》曰："人性之善也，犹水之就下也。"又《庄子·庚桑

---

[1] 陈根法：《德性论》，上海人民出版社2004年版，第7页。
[2] 王国银：《德性伦理研究》，吉林人民出版社2006年版，第2页。

楚》:"性者,生之质也。"由此可见,"性"本义是指人的本性,是人天生的本质的品质。起初,"物性""神性"与"人性"并没有严格的区别。"性"可以看作是万事万物的品质和特点。随着古人逐渐把目光由天命转向人事,"性"与人心的联系才日益密切,并成为道德自觉的主题。由于人性与人心经常连用,"人性"逐渐获得了"方向"的意思。比如孟子直接将"恻隐之心""羞恶之心""恭敬人心""是非之心"视为人性的四个主要内容。

3. "德性"的涵义

《中庸》首次将"德性"作为一个词来诠释。《中庸》曰:"故君子尊德性而道问学,致广大而尽精微,极高明而道中庸,温故而知新,敦厚以崇礼。"①

这句话的意思是说,君子不仅恭敬奉持德性,同时勤学好问,使自己的德行和学问都到达广大精微的境界。虽然极其高明,仍然要遵循中庸之道。温习已有的知识,以增进新的知识,存心敦厚以尊崇礼节。在这里,它强调既要尊重固有的德性,又要重视学问的积累;不但追求高尚的道德理想,又要有符合中庸的道德行为。

在西方,关于德性的研究成果也很多,"德性"一词的涵义也经历了历史的变化。德性,意即"男子的气概"。荷马英雄社会的德性指的是勇敢及相关观念以及友爱、命运和死亡观念等。

柏拉图把德性分为勇敢、节制、智慧和正义四个方面,他认为,德性是与生俱来的与人适应的品质,具有评判人与人、人与他人平衡的标准。

亚里士多德认为,德性具有理智的和品质的两种特征。理智的德性不能自己生成,通过教导和教化来培养、形成稳定的德性和养成需要经验和时间,品质的德性来自习惯的形成与锻炼运用。德性是一种用来使个性达到善福的性质,拥有德性就能实现这一目的,否则就会妨碍人向目的地运动,因而德性是内在于人类活动本身的。

英国哲学家麦金泰尔认为:"一种德性是一种获得性品质,这种的德性的拥有和践行,使我们能够获得对实践而言的内在利益,缺乏这种德

---

① 伍志燕:《德性:为何,何为:麦金泰尔的德性之思》,载《贵州师范大学学报》2008年第6期。

性，就无从获得这些利益。"① 从这个定义我们可以这样理解，德性和实践的关系是内在不可分割的，没有德性，实践就不可能维持下去，即德性在获得的过程中，必须要通过个体的实践，才能获得内在利益，而一个人只有处于不断追求内在利益或内在本质的实践中才能获得。

德性的内涵在近代发生了变化，英语中的"virtue"，一方面被定义为道德品格的意义，常常列举诸如正义、诚实、节制、仁爱、宽容等一些德目。有人还把德性定义为人的品格，这些都从不同的侧面或者某一点来理解和解读关于德性的本质和规定，展示了人在不同时期对德性一词的不同定义。

总之，无论是古代还是近代，无论是东方还是西方，德性一词都经历了不断丰富的过程。它的原始涵义，与后来发展的定义外延，都反映出这一概念表示的广泛性。

借鉴以上中外哲学家对德性的理解，我们可以总结出以下德性的本质。

第一，德性是一个人真正的内在的本质规定。德性使人成其为人，是人之所以不同于禽兽的关键所在，是人自身的生成性规定要求，是人的一种内在的、稳定的品质，德性不是强加的，是自觉自愿的行为。

第二，德性是一种内在的精神动力。"德性是人类精神的灵魂，有了它才有发光的精神，这种精神不仅使人类享受高尚化，而且成为人的生命力的'启动器'。"② 哲学家康德指出，"德性的力量不过是一种准备条件，把责任的'应该'转变成现实的力量"，这种力量就是"在责任的恪守中人的意志的道德力量"。德性作为一种内在的精神存在，其存在的现实目的不在于满足德性个体的内心需要，不是表现出来的偶然的特征与倾向，而是个体在一系列的德行的实践中表现出来的一贯的、较为稳定的、持久的行为态势和心理状态，是一个人道德的全面的、综合的、整体的体现。在德性的实践中实现人生价值，推动社会的发展和进步，是一种巨大的内在精神力量。

---

① 伍志燕：《德性：为何，何为：麦金泰尔的德性之思》，载《贵州师范大学学报》2008 年第 6 期。
② 陈根法：《德性论》，上海人民出版社 2004 年版，第 6 页。

德性是来自于内部的主观需要,与来自外部的教育不同。只有接受了外部的指导,并且真正内化,才能使受教育者的精神品格向善提升,变得高尚,形成稳定的道德力量。

第三,德性是人类自觉自愿的意识。德性从来都不是外来强加的。总是出自主体本身的自觉自愿的行为。当德性养成表现出较为稳定的素质时,个人的德性就会表现出社会道德推崇的品质,把社会的法律、规范、自觉融入个人德性中来,并以人格的形式外化为行动。因此,德性是人类一种自觉的道德意识。

第四,德性是个体道德意识和道德行为的统一。所谓道德意识,它反映了人们对社会道德的认识水平,即人们在道德活动中具有善恶价值取向的各种心理过程和观念。所谓道德行为,就是人们在精神世界的指引下,按照自己的内在法则,而自觉自愿地进行选择具有善恶意义的行为。德性的外部表现即道德行为,德性则是道德行为的内化和积淀养成。道德意识是一定社会或阶级的道德要求转化为个体德性的内容,因此两者是相互依存、不可分割的。"德性就是去做公认的秩序要求做的事情。"[1] 德性主体在不同的社会道德标准和规范的要求下,会调整自己的行为,就会形成适合这一社会的道德意识和相应的道德行为。当他(她)的这种道德行为形成较为稳定、持久的状态时,就会养成一种道德习惯,形成内在本质所具备的特点,就会成为这个人的某种德性。缺乏个体的道德实践,道德意识无从产生,也无法形成个体的德性。一定的道德意识指导一定的道德行为,没有道德意识,德性也无法形成。因此,我们说德性是个体道德意识与道德行为的统一。

"德性实际上是一个中性词,是主体在长期的、一系列的道德行为中表现出来的综合的稳定的特征的状态。稳定的德性状态具体指向什么方向和目的,还需要正当与不当、善与恶等价值来具体规定。"[2]通常认为,德性应当是有好的德性和坏的德性之分的。但是,在我们的现实生活中,德性一般都是指好的、高尚的德性。

---

[1] [英]麦金泰尔:《德性之后》,龚群译,中国社会科学出版社1995年版,第19页。
[2] 王国银:《德性伦理研究》,吉林人民出版社2006年版,第2—6页。

德性有个体德性和社会德性两种。一般来说，社会德性决定个人德性。个人德性促进社会德性的进步与发展。"德性总是与具体的德目相联系的。诸如仁爱、诚实、宽容、勇敢、慷慨等，诸如公正、平等、自由、正义等，这些德目既是道德的规范，也是道德的升华，德性就是在与这些德目的履行中获得自己的品格的。"①

总之，我们将德性定义为：德性是一个人的真正的内在本质的规定，是在人性的基础上形成的一种获得性的人类品质，是一种表现为人在实践活动中所形成的较为稳定的品质和能力定势。

对"德性"理解分为三个层次：一是德性的核心内涵是"道德"；二是德性以人的一种内在品质的形式存在；三是这种人类的品质指的是卓越的、具有真善美特性的，"内在精神品质"是德性的本质，这说明，德性是人的精神的重要组成部分。本文论述德性时，指德性是一种好的品质。

（二）德性养成与人的教化

德性养成，实际是人类在文化的滋养中，形成的较为稳定的人的本质。德性养成是个体以自身内在为根据，又包含多重实践的历史形成过程；以生活实践为本源，由自发到自觉进而走向人的自由全面的发展。德性养成是指德性的文化孕育的过程性和本质的稳定性。如果一个人只有到盖棺才能说德性养成了，那岂不是一个人在活着的时候德性就没法定论了？本文提到的德性养成是指德性孕育、产生、培养、发展过程中，德性表现出的较为稳定时的一种状态，这种状态可以反映出一个人的内在本质。

德性是如何养成的？中外哲学家、伦理学家众说纷纭。"早在古希腊，亚里士多德就提出道德的德性（美德）必须具备以下基本特征：（1）正当的理性指导；（2）自愿选择；（3）表现于德性的行为中；（4）适度的遵守中道的样式；（5）是习惯或品性。"②按照亚里士多德对德性养成的解释，一个人的德性的养成要经历这样两个过程：一个是人的道德理性的形

---

① 王国银：《德性伦理研究》，吉林人民出版社2006年版，第2—6页。
② 唐凯麟、刘铁芳：《价值启蒙与生活养成——开放社会中的德性养成教育》，载《教育科学研究》2005年第2期。

成过程；另一个是在道德理性引导下，人的道德行为习惯的养成。前者是后者的精神基础，后者是前者的生活外化。没有道德理性作为人的行为习惯的基础，就不具备真正的道德意义。人的个体道德行为不能没有内在的本质的规定，不能没有人的个体道德精神的实践；缺少人的个体日常道德行为习惯养成，人的德性养成必将是肤浅的，缺少了生活的基础，将成为没有果实的花朵。因此，有些人认为德性是后天教育的帮助与教化和环境影响所致。德性的养成离不开实践的基础。持这种观点的有告子、荀子、洛克、霍布斯以及后来的马克思主义者；还有些人则认为德性养成是因为人具有天赋的善端或善的理念，持这种观点的有柏拉图、孟子、王阳明、笛卡尔等。

我们认为：德性养成既要有人的个体的体验与践行，又需要教育的帮助与教化。"从过程的角度看，德性的培养并不仅仅表现为外在的强加，而是有其内在的根据；但这种根据最初主要以向善的潜能等形式存在，唯有通过教育、学习及道德实践的过程，内在的潜能才能不断获得现实的内容，并成为真正的德性。"① 因此，在本书中，德性养成不仅仅是人对日常生活规范和行为习惯的自觉遵守，更是一种追求更高的人的生活理想以及社会理想的自我修养与提升。我们定义为：德性养成是人类在文化的滋养中，形成的较为稳定的人的本质。在孕育、产生、培养、发展的过程中，德性表现出较为稳定的一种状态，这种状态可以反映出一个人的内在本质。即德性习惯的养成和德性理性的养成。经验的积累、风俗习惯的养成、行为方式方法等日常生活中的道德文化因素通过在家庭生活、社会示范等方式中无意识地融入每个人生活当中，形成一个人的行为范式。德性是一种人们在内在品质上、人格上不断升华的更高的道德自觉要求、道德情感。承担起道德个体在社会实践中的社会责任，追求和实现人的终极生存价值。

德性养成与人的教化紧密联系，不可分割。

1. 人性的后天教化

德性是人内在的一种规定，是固有的，德性是人性的一种可能性，是人性的品质潜能，通过合理的途径就可以使之现实化，通过大量的理论研

---

① 杨国荣：《思与所思》，北京师范大学出版社2006年版，第368页。

究和经验总结发现可以通过教化传授给人们，人们可以经过教化开发德性潜能，形成稳定的德性。从这种意义上看，德性是可以通过教化养成的。

德性在养成的实践中，教化是对人性的实现或改造，是塑造人的第二天性。通过德性的生活实践和教化实践，使德性不断践行、提升养成。并不是说只有一个人盖棺才能算是养成了。实际上，人的德性具有一定的稳定性，一旦养成，便逐渐成为个体的稳定的价值取向。德性的养成也不仅仅停留在日常生活与家庭责任感的层面上，它表现为人的实践活动的各个方面。通过主体的内在需求，通过对人生意义的追问，不断地把社会的道德意识和道德行为，转变为主体的人生价值，形成德性，这就是人的德性养成的过程。通过这一过程完善了自身的道德人格，塑造了人的后天本性，实现了德性的社会价值，使人承担起社会的责任，继承社会文明的发展，促进社会的和谐与温馨。

2. 教化的首要任务

德性养成要通过人自身的自觉性来实现。道德主体必须是出于内在本质的需要的行为，是心甘情愿、自觉的行为，是某种外在力量影响和胁迫都不能改变的选择。因此，教化担当起对人自身自觉性的唤起的重任。它可以实现人们对已有德性进一步反思，来达到自身修养、达到德性养成的目的。[①] 因此，"教化的主旨是以自然的方式，在尊重个人自由的基础上促使人的精神的成长、发展和自我形成，它包含着精神培育和精神的自我创造相结合的意蕴"。[②]

教化首先就是要唤起对人们"德知"学习的渴望。"德知"是教化的基本内容，而德性是对自我的内在规定，这种德性的教化是人的个体一种自愿而自觉的而非强制性培养机制。"德性教化以人作为自在目的为目的，就意味着教化以尊重个人的自由和自律为基点，以人的自由意志的确立为教化的基本任务。"[③]

3. 德性养成提供基础

德性的教化是人对内在本质的一种自我理解、自我塑造和自我创新。

[①] 杨国荣：《思与所思》，北京师范大学出版社 2006 年版，第 377 页。
[②] 金生鈜：《规训与教化》，教育科学出版社 2004 年版，第 8 页。
[③] 金生鈜：《德性与教化》，湖南大学出版社 2003 年版，第 9 页。

教化是关于德性的知识的教化，德性本身并不是教化的结果，而是人内在本质塑造的结果。人是通过知识的获得，在知识的指引下获得德性的。知识为德性养成提供了基础，使德性养成不再盲目、没有方向。但是德性是否可以教化、个人是否接受德性教化以及接受了德性教化是否就养成了德性并不是一回事。通过所教化的具体德性知识而形成的德性，不一定就养成了真正的德性。仅仅停留在个别的、具体的德性知识的教化是不够的，还要教化人们关于德性的一般知识，人具有德性知识并不叫养成了德性，德性养成是在德性知识指导下，通过自己的修养获得的一种内在品质。①

教化不仅为德性自我理解和塑造、自我提升提供基础，也为德性的自我规范、自我控制、自我调节提供力量。

4. 德性的教化的过程

实践证明，不是有了德性的教化，德性就自然而然地养成了。德性的养成是人们内在需要与外在教化相结合的过程。"教育并不仅仅表现为义理的灌输或理性的说教，它往往取得叙事的形式。""在日常生活世界中，以传说、史实、人物传记等为形式的具体叙事同样构成了道德教化的重要方式。"② 在我国古代对下一代的道德教化常常采用这些形式。道德教化可以分为实践教化和理论教化两种。一般来说，实践教化是从自我本身开始，它首先是自然地产生过程，即在于使人的行为需要和一般的一些习惯自然而然地产生；其次，在实践交往中从他人和社会中学习普遍的应会的技能、技术、习惯，等等。最后，还要进行理论教化，学会抽象的思维和处理复杂的关系。它"是在多种多样有兴趣的规定和对象上发展起来的，它不仅在于获得各种各样的观念和知识，而且在于使思想灵活敏捷，能从一个观念过渡到另一个观念，以及把握复杂的和普遍的关系等"。③ 在社会生活中，从各种复杂的关系处理中理解和掌握理论教化的内容。

实践教化和理论教化不可偏废，教化的过程是提高人的道德知识水

---

① 江畅：《论德性教育的意义和任》，载《湖北大学学报》（哲学社会科学版）2011年第5期。

② 杨国荣：《思与所思》，北京师范大学出版社2006年版，第378页。

③ [古希腊]亚里士多德：《尼各马科伦理学》，廖申白译，商务印书馆2003版，第209页。

平。教化的过程是指内化为德性本身的过程，二者互为前提、彼此融通，达到提高德性的目的，这是一个的"潜移默化"的复杂过程。一方面实践教化提供德性养成的基础；另一方面，理论教化提升德性养成的内在逻辑思维。

我国文化传统中素有提倡以学养德、以文养德、以友养德、以习养德、以乐养德的德性修养方式和方法。在当今社会中，学校承载着道德教化的重任。精选教化的内容，选择灵活多样的教化方法，真正提升学生的德性境界，是学校教育的当务之急。学校德育肩负着培养未来社会合格接班人的重任，学校除了设置思想政治课以外，还要开展丰富多彩的道德建设活动，让每一名学生既注重自身道德的修养，又遵守社会的公德。

（三）德性养成与人类文明

德性养成可以促进人类文明的进步、人类精神世界的提升。"随着市场经济的发展，德性的社会价值领域在延伸，德性的社会价值重点也日趋明朗，而最主要体现在社会角色的责任、社会文明的发展和社会秩序的稳定等诸多方面。"[①]

1. 德性造就社会和谐与温馨

德性是人类心灵秩序的维护者，是社会和谐与温馨的条件和基础。

人总是生活在一定的社会中，德性通过凝聚人心、塑造高尚人格彰显它的作用，通过表扬先进，鞭策后进，造就社会和谐与秩序。"德性表征着生活世界的条理与秩序，又保证了社会的祥和与温馨。"[②] 一个社会歌颂什么，就会唤起千百万人学习什么，德性呼唤和谐，就会形成人际和谐、人与自然的和谐、家庭和谐、社区和谐等，而这种力量就是德性的力量。

在社会市场经济快速发展中，良心、诚信、见义勇为、尊老爱幼、责任等美德是维护社会安定、保障经济增长、人民安居乐业的道德要求，对市场经济发展具有重要价值。德性作为个体的内在道德品质，它所追求的人生价值、精神境界，体现了社会的道德要求。良好的个体德性所形成的道德境界与自觉行为，与人类社会、与人之生存，是须臾不可分离的。

---

① 陈根法：《德性论》，上海人民出版社2004年版，第10页。
② 陈根法：《德性论》，上海人民出版2004年版，第11页。

2. 德性促进人类文明发展

德性呼唤理想的人生，实现人生的价值，促进了社会的进步与发展，带来了文明繁荣。人们在实践生活中通常是以社会的要求，设计个人的人生目标，进行升华人性、塑造人格、追寻美满的人生、提升生活品质和人生的境界。从表面上看，是提高了个人的德性，但实质上，却是促进了整个社会的和谐发展与进步。带来了整个社会的文明与发展。因为良好的个人德性的建立，协调处理了人与人之间、人与社会之间、人与自然之间的关系，实现了身心和谐，人际和谐，群己和谐，天人和谐。

个体德性的提高，会带动其他人乃至全社会道德水平的提高。雷锋精神影响了一代又一代中国人，使中国涌现出无数的学雷锋标兵，甚至影响了世界精神文明的进步，在美国的西点军校，就有雷锋的塑像，雷锋精神影响了世界。中国的"十大杰出青年""感动中国十大人物评比"，不仅为社会树立了道德学习标杆，也提供了道德标准。这表明个人德性的提升会带来全社会人与人之间的和谐发展，进而促进社会文明的进步。

3. 德性创造社会文明价值

德性的实践并不是孤立的个人活动，人离不开生产实践和生活实践，与他人和社会是密不可分的。德性实践也是在生产实践和生活实践中开展的，它能产生巨大的外在价值，产生巨大的正能量。它使人们在德性的内在需要中，对他人和社会富有责任感，积极参与社会活动，投身社会实践，创造越来越多的物质财富，其实质是德性自身的外化结果。

"德性的社会价值最现实、最普遍地体现在人们的责任感上。"① 其实，德性本身规定着人们如何去做，有德性的人总是按照社会的道德规范去做，承担起社会赋予的使命，社会的进步根源于社会成员的道德进步，德性的价值体现在人们建立起的正确人生观、价值观上，并且以积极的方式和方法实现自己的理想，承担起社会的责任。所以，人的德性的进步和提升成为社会进步发展的基础。

---

① 陈根法：《德性论》，上海人民出版社2004年版，第9页。

二、德性养成的价值

德性的养成包含两个过程：一个是德性理性的形成，另一个是德性习惯的养成。完整的德性养成价值也包含了两个方面：一个是德性养成的个体价值即人格价值，另一个是德性养成的社会价值即人生价值。前者是后者的基础，后者是前者的外化。"当代社会从经济、政治到文化领域，越来越多地走向开放。人在社会活动中的选择多样性，社会呈现的不再是单一的伦理价值体系，而是多元共存的价值图景。"① 德性的人格价值是德性的内在价值，也是德性的根本所在。德性养成的社会价值主要包括：个人对社会的责任和贡献，即通常所谓人的社会价值；个人对自己的满足和发展，即个体的自我价值。完美的德性养成价值就是通常所谓的人生价值，实际乃是自我价值与社会价值的有机统一。

一般而言，价值是主体和客体之间的一种特定关系，即客体以自身的属性满足主体需要和主体需要被客体满足的效益关系。马克思指出："'价值'这个普遍的概念是从人们对待满足他们需要的外界物的关系中产生的。"② "是人们所利用的并表现了对人的需要的关系的物的属性。" "表示物的对人有用或使人愉快等属性。"③ 可以说，价值是客体对主体生存和发展的作用或积极意义，或者说是事物对个人、集体或整个社会的生活和活动所具有的积极意义。今天，我们提倡弘扬德性的价值恰恰是恢复人的真正的主体性，因为只有德性能够使人对自己的一切行为做出价值上善的选择，德性是价值理性的深层引导。德性的存在能够使人始终作为人而存在，而不是作为机器与工具而存在。康德说，"德性是有限的实践理性所能得到的最高的东西"，④ 明确了德性的价值就是人追求的最高境界。

---

① 唐凯麟、刘铁芳：《价值启蒙与生活养成——开放社会中的德性养成教育》，载《当代青年研究》2005 年第 3 期。
② 《马克思恩格斯全集》第 19 卷，人民出版社 1963 年版，第 406 页。
③ 《马克思恩格斯全集》第 26 卷，人民出版社 1974 年版，第 326 页。
④ 单连春：《人生境界论》，博士学位论文，东北师范大学，2006 年，第 69 页。

（一）德性养成的个体价值

一般而言，个体价值是以人与人之间的价值关系而言的。在人与人的价值关系中，人既是价值主体，又是价值客体。每个人都是主体与客体的统一，这就是所谓的人的主客体二重性。正因为人的主客体的二重性，使人的个体价值成为最为特殊的价值。德性养成的个体价值主要是指德性的人格价值或人性价值而言的。所谓人格价值是人作为价值主体所具有的价值，即人作为价值主体所应得到的满足、尊重和权利。而德行养成的个体价值实质就是德性作为人格主体自身的价值，这是德性内在价值的根本所在。

1. 人性的完善

德性本身的价值涉及德性本身的性质问题，需要对道德进行深入的解析。汉代许慎在《说文解字》中对于"德"有这样的解释："德，得也，从直从心，外得于人，内得于己。"

可见"德"是主客体相互作用的产物，是人际交往的结果。其中，"内得于己"是以善念存储心中，使身心互得其益。这里的内心善念，就是我们所谓的德行修为，即德性养成。关于这种内在的德性修为，在西方道德伦理研究中称之为对人之为人的"内在意义"的认识。有人把这种认识称之为"道德的顿悟"。在美国哲学家詹姆士看来这是极为重要的，"而一旦获得这种顿悟，在他个人历史上就是破天荒的"。德性作为人之为人的内在价值，是人的生命价值之源。

真善美是人类的永恒追求，展示着人性的基本内涵——求真、向善、爱美。德性养成是使人性的内涵趋于不断完善的过程。"求真"使人性的内涵不断被丰富与拓展，这是从量的方面对人性的内涵做出了规定；"向善"使人性的内涵不断被充实与完善，这是从质的角度对人性内涵做出了界定；"爱美"使人性的内涵不断被超越与提升，这是从量与质的统一中对人性内涵做出回答。因而，德性是人的道德本性，德性养成对人性的完善具有重要的价值。

（1）求真维度使人性内涵更丰富

马克思主义认为，人的正确思想来源于实践。人的认识的正确性也必须经由实践的检验。要实现真理性的认识，人们应"按照事物的本来面目及其产生情况来理解事物而"不附加以任何外来的成分"。① 所以人的求真性总是表现着一个不断追寻真理的过程。在这个不断追求真理的进程中,人性的求真内涵也是在不断地丰富发展和完善中。

纵观人性发展的历史,在原始社会和古代社会,随着人类对客观世界的认识和改造能力的增强,人们逐渐从自然界的众多限制中解放出来,物我分离,人猿揖别,人性超越了"物性"的内涵,人类开始注重自然生命的德性,原始的"天人合一"的人性观被超越。到了近代,自然科学从传统的哲学、神学中独立出来,人类对自然的认识得到极大的深化和拓展,征服和改造自然的能力极大增强,自我意识与人的尊严得到了极大的提升,从而又超越了中世纪的"神人合一"的人性观,实现了真正的人的尊严。科学技术"已把人类的思想训练到能够理解以前几个世纪中有教养的人所不能理解的逻辑关系"。科学的进步把人由过去对"自然与神"的崇拜变为现在对"人自身"的崇拜,因而人性的价值被归结为"个体的存在"。②

今天,随着科学技术的飞速发展和广泛运用,人类在认识与改造世界的实践中不断推动着人性价值的实现。因此,正是求真内涵的德性养成使人性价值的内涵得以不断地被丰富和延伸。

(2) 向善维度使人性内涵日益完善

德性的向善维度就是指人在实践活动中,追求"合目的性"的"善",使人的价值生存实践导入人性的因素。马克思指出,人作为"类的存在物",其所共有的特性叫作"人的一般本性"。休谟指出:"在各国各代,人类的行为有很大的同一性,而且人性的原则和作用基本上是没有变化的。同样的动机产生同样的行为;同样的事情常跟随着同一的原因而来。"③ 在这里,马克思和休谟向我们表明,人作为与动物相区别的"类"存在,具有"类"的一般性、普遍性特征。而这种类的一般特征就在于人是价值的存在,即对于真善美的价值追求,而对于"善"的不懈追求是人类区别于动物的最突出特质。

---

① 《马克思恩格斯选集》第 1 卷,人民出版社 1972 年版,第 49 页。
② [德] 赖欣巴哈:《科学哲学的兴起》,伯尼译,商务印书馆 1996 年版,第 96 页。
③ [英] 休谟:《人性的断裂》,冯援译,光明日报出版社 1996 年版,第 84 页。

马克思指出，人的生命活动也是"具有有意识的生命活动。这不是人与之直接融为一体的那种规定性。有意识的生命活动把人同动物的生命活动直接区别开来。正是由于这一点，人才是类存在物。或者说，正因为人是类存在物，他才是有意识的存在物……它的活动才是自由的活动"。[①] 因而，人的存在是有意识的存在，人的价值实现也是一个有计划的指向性过程。生活在一定社会关系中，人的价值也有所不同。可以把这些人性的价值指向分为三类：一是绝对为自己；二是绝对为社会；三是个体与社会的结合。马克思主义认为，在人类的实践中，只有"那些为共同目标劳动因而自己变得高尚的人；那些为大多数人带来幸福的人，才是最幸福的人"。[②] 因而，人性价值实现的最高目标应该是"为共同的目标而劳动"。人的向善德性是一个从"非善"到"他善"到"我善"再到"至善"的不断演进过程。正是这个过程使人性的价值也不断地丰富完善，其水平境界也在不断地得到提升。

人类实践活动的领域越来越广，获得的认识和方法也越来越趋向事物的向善本质，德性的内涵也逐步扩大和丰富起来。

（3）求美的维度使人性内涵不断被超越

人性的内涵随着社会的发展、主体实践的深入，不断充实和被超越。在社会实践中，主客体的统一不仅包括主体认识客体以求真，主体改造客体以向善，而且包括主体鉴赏客体以趋向美。德性内涵不断求真向善最终趋向求美，即是对人的理想人格的一种追求。人的创造自由总是由于工具技术等的客观必然性所限而成为有限的自由。在展开创造性自由实践的进程中，必将使主体形成情与欲、无限目的与有限目的的矛盾，德性的趋向求美活动就是消解这一矛盾的活动。在主体的求美实践活动中，主体可以把在现实世界中未能充分展现的才能自由地展示出来，把在生活世界中被压抑的情感需要宣泄出来，从而达到主体的心理结构平衡和人性的完整，从而德性趋向于美。

德性对现实的生存具有提升和升华的意义。现实生活中，个体生存不

[①] [德] 马克思：《1844 年经济学哲学手稿》，刘丕坤译，人民出版社 2000 年版，第 57 页。

[②] 《马克思恩格斯全集》第 40 卷，人民出版社 1982 年版，第 7 页。

仅追求认知性与德性的完美，还在于自我体悟完善人生的感受性和满足性。这种感受性既有对现今生活中的真与善的感受和体验，更包括对未来生活的向往和追求，从而引导人们向善趋美，追求一种更好的真善美相统一的理想的生存方式。因此，"我们说理想价值的实现是目标，当然实现它是要付出代价的。但是，人类需要这样的目标，不能因为它要付出代价，就放弃对它的追求。而德性的审美维度的功能，它的存在使人性的价值实现不断地被超越"。①

总之，人类如果要生存和发展，就必须趋向真、善、美和谐的统一。正如法国哲学家萨特所说的，自由是人逃避不了的本质。当然前提是不把自由理解为肤浅的随心所欲。真、善、美的自由境界，不是如中世纪神学所设想的彼岸的天堂，也不是空想家所设想的永恒完美的理想社会，而是一个趋向完美人生境界的追求自由的过程。"人类追求真、善、美的自由的境界，只能是一个无限的过程。在这个过程中，完善自身，逐步实现理想的人生境界。"② 德性养成就是使人性的内在意志品质和实践活动变得越来越趋向完善的过程。

2. 人格的展示

德性养成的个体价值，主要体现在健全人格的塑造。在现实社会中，德性往往以完美人格的形式而存在。换言之，完整人格是德性养成之果。判断一个人的德性，往往从人格的表现中作为评判，德性养成的人格价值是人生价值的重要体现和集中展示。人们之所以终日奔波劳作、不辞辛苦，正是为了满足自己的需要，实现自己的人格价值，进而创造属于自己的独特人生价值。可以说，德性的人格价值正是人生价值的内在根据和最终归宿。

（1）社会历史形态的不同人格

从依附性人格到独立性人格的转变。在自给自足的社会和计划经济时代，人格不独立，个人应有的个性被统治阶级的政治约束和意识形态宣扬的价值定位所泯灭。人格没有自我的表现。在市场经济的社会中，人格从传统的共同体的束缚中解脱出来，具有了独立的判断力和自主行为的能

---

① 单连春：《人生境界论》，博士学位论文，东北师范大学，2006年，第71页。
② 郑广永：《论文化的超越性》，载《天津社会科学》2003年第4期。

力。开始有意识地自觉地改造自身、改造自然、改造社会,追求自由的幸福生活。人格具有了独立自主的表现。

从单一化人格到多重化人格的转变。在自然经济社会与计划经济时代,社会结构以政治为中心,人格表现为单一化人格,即服从社会的需要。现代社会中,人格不是一个实体,它作为关系性的存在,人格结构与社会结构互动,人和社会本质的规定都不是抽象的、不变的,而是在实践中不断生成新的和发展的本质。历史的发展进步,社会内涵的不断丰富,德性的内涵不断丰富,使人格展现多重化,使人的生活总体趋向丰富和多样化,从而为人的自由和全面发展开辟了道路。

从同质性人格到异质性人格的转变。在自然经济和计划经济中,社会的规约,人的需要、利益和能力极其相似,拥有共同的道德规范,形成同质性的人格,缺乏个性化和独立性。而在市场经济时代,由于社会分工和交换,形成多样化的需求、利益上的独立、政治上的平衡、文化的多样化、自我意识的独立,追求个性解放、自由、物质的丰富、实践的多维度、精神境界的提升等,形成了异质性人格。由于产生了相互的竞争,从而推动了社会的进步和人的个性发展、人格完善。

社会不同的历史形态,塑造了不同的人格,展现了不同时期德性所具有的不同风貌。

(2) 市场经济生活中的人格价值展现

一是经济价值的展现。在市场经济的条件下,物质丰富、需求多样,分工和交换的普遍化,经济上的民主化,社会的政治、经济、文化诸多领域发生分离,政治民主、享受物质、交往生活、精神娱乐在不同生活领域实现,出现了经济人、政治人、文化人等。对商品的需求、高消费的刺激,没有经济做后盾是不可能实现的,因而注重经济利益,遵守经济生活中的规律和交换原则,成为当今人格的重要表现。

二是理想价值与现实价值的展现。历史不同时期,都会涌现出对理想价值追求的时代英雄和楷模,在他们身上实现了社会现实的价值。在中国古代的儒家文化中就有尧、舜、禹、周公、孔子等圣人人格,在道家文化中则有老子、庄子等圣人人格,当代中国则以焦裕禄、雷锋、孔繁森、郭明义等先进人物为人格楷模。这些优秀人物之所以闪烁着人性的光辉,是因为他们的人格之中体现着所在时代的美德,折射着当时的历史需要,同时也体现着特定社会文化中的理想价值追求。他们的伟大人格无一不是理想价值与现实价值的完美结合与融合统一。

在全球化的今天，人们更注重现实的生活和现实的情感体验，追求当下的既得利益，理想价值在弱化。今日社会所以会出现各种功利主义、享乐主义、坑蒙拐骗、腐败堕落等人格扭曲的现象，主要是由于人格结构中理想信仰因素的弱化甚至缺失所造成的。在注重现实与当下体验的时代，我们更应该提倡理想信念教育，引导人们从现实汲取理想，把理想化为现实的活动的主体。使完善人格的巨大力量在愉快地、主动地承担责任的过程中展现出来的，并在一种推己及人的高尚行为中显示其经久性的正能量。

三是精神价值的展现。它是通过人格展示表现出来的。德性的精神价值是巨大的。一个人具有德性，便能知荣辱、辨善恶、懂美丑、重人格、讲国格，甚至为了维护个人的人格和民族的尊严，而有一种压而不垮和诱而不惑的强大精神力量。康德把这种不为外物所动，"不降其志，不辱其身""富贵不能淫，贫贱不能移，威武不能屈"的精神状态称之为"无情"，并认为这是德性的真正力量。黑格尔说过，人的品格就是人的一连串行为，人格的伟大和刚强只有借助矛盾对立的伟大与刚强才能衡量出来。高尚的人格之所以高尚，既因为它产生于剧烈的人格斗争，也因为它时时与邪恶势力相抗衡。这正展示和凸现着德性的强大精神力量！

四是法律价值的展现。由德性所铸成的道德自觉和心灵秩序，是遏制恶欲、恶念、恶势力的蔓延和滋长的精神武器。法律是国家用刑罚的形式对犯罪、违法的惩治，带有强制性。德性无形，于心灵深处凝结，化理想、美德为日用常行。它比法律规约人的行为更广，是内在的自我约束，因而更有力量和持久。在市场经济飞速发展的今天，在道德沦丧精神滑坡的危机时代，唤醒德性的力量有着极其重要的现实意义。

直面人类文明出现的倒退。今天的人们为物质享乐所诱惑，金钱崇拜、物欲横流，为了追求个人利益不惜以身试法自甘堕落，甚至丧失人格、泯灭人性。近年来，我国官员腐败堕落层出不穷，富二代、官二代、星二代违法也习以为常。治愈这种文明的病患，有人主张加强法治，注重合同、协议、契约、法律法规等强制手段，寄望于严刑酷法来挽救人性的颓丧。但是实践证明，没有德性的看护，没有自身内在的规约，法律作为强力手段只能会导致社会陷入人人自危的境地，人类的文明将面临衰败的命运。最终法律也将不保，而我们的社会也将变成人人凭感性冲动和物欲办事的无序社会。因此不难理解，从一定意义上说德性与法律都是已有文明的看护者，而德性则更是法律的守护神，德性的自律是保证法律的公平正义和治理效力的深层根据。因此，在现今时代必须重视德性的力量，弘扬德性的法律价值。

五是自由人格的展示。人格作为价值主体性范畴，它是多样性的统一，是求真、至善和达美的辩证统一。冯契先生指出："人格即一个大写的'我'，'我'既是逻辑思维的主体，又是行动、感觉的主体，也是意志情感的主体。它是一个统一的人格，表现为行动的一贯性及在行动基础意识的一贯性。"在和谐社会的建设中，理想人格或"真正有价值的人格"是人的本质力量充分发展了的自由人格。随着经济的发展、教育水平的提高，人们越来越追求独立和自由，追求个体的独立性和自主性。在市场经济走向全球化的今天，德性养成正是在追求自由人格的进程中实现的，同时也是人的自由人格的展示、完善和提升的过程。

3. 交往目标的达成

随着市场经济的发展，社会分工日益发达，社会交往日益频繁，人格特征呈现出开放性。这使得个人在空间上、经济上、精神上都超出了所属的关系边界，社会的基本单位不再是单位和集体，而是个人。个人成为经济生活中的主体。人们在落后的自给自足的经济中老死不相往来，随着市场经济的到来，分工合作日益显著，交往活动越来越频繁，现代互联网的应用，由近距离转变为跨区域、跨国界，甚至全球的普遍交往。信息共享成为时代的显著特征。

（1）德性养成使主体在生活世界中交往加深扩大

加拿大哲学家查尔斯·泰勒认为："一个人只有在其他自我之中才是自我。在不参照他周围的那些人的情况下，自我是无法得到描述的。"[①] 如此看来，如何面对他人的问题实际上也就是德性的养成问题。所以，从终极意义上说，交往目标的达成就是德性的存在。事实上，每个社会个体的生存都是一个"与他人共在"过程，交往生活是人的基本生存状态。生活世界就是关

---

① 王国银：《德性伦理研究》，吉林人民出版社2006年版，第230页。

系性的存在,而"合乎德性的结合"是人的关系性存在的"原型"。

人的生存乃是群体性、社会性、关系性的存在,人类的生存发展必然是以多极的而非单一的主体为基本状态。多姿多彩的多极主体在交往实践活动中,创造了物质丰富、文化繁荣的社会,共同构建着生活世界的意义、方向和价值尺度;同时,每个个体又在交往实践中改变着自身,提升着自己的精神世界,形成具有社会所需的德性。不可否认,在交往生活实践中,每一主体都具有自己的德性取向,但在与他人共在的社会生活中又相互建构着自身和他人的德性。所以,德性并不是个体自我的产物,而是多极主体在交往实践活动中相互影响、相互制约、相互建构的产物。德性养成是与生活实践相统一并与生活世界共生的结果。

(2)德性养成使个人与他人、与社会、与自然的交往更加和谐

德性是由多种要素相互影响、相互制约而养成和发展的。一般来说,德性是由本能、情感、语言、消费、传统、习俗等相互影响、相互作用而养成的。德性养成的动力是多要素共同作用的结果。社会越发展,人们之间的交往就更为频繁,个体就越来越依靠与他人共同发展,独立个体的存在远离群体成为不可能。人们之间的交往随着这些要素的发展不断发生着变化,丰富了德性的内涵。人在社会生存与发展中必须要处理好三种关系:一是个人与他人的关系;二是个人与社会的关系;三是个人与自然的关系。只有处理好这三种关系,人类才能进步和和谐发展,德行的养成使得交往规模扩大,交往深度增加,使得人的视野开阔、胸襟宽广,德行修养更加完善,与他人、与社会、与自然的关系也更加和谐。

(3)德性养成使得人的生活境界不断提升

在人际交往实践中,人不可避免地为自己的生活辩护。"一个人的行为必然和他的理想生活模式相一致,这种自发地为自己生活辩护,也就证明了自己的生活是有价值的值得过的。"[①]在交往实践中形成的良好德性,创造出新的文化、新的思想和新的理念,能够使人的生活和交往范围得以保持、展开,更能够使人的生存境界和生存质量得以提升。

(4)德性养成使得人际合作更加密切

德性不是先天具有的,而是在后天的生活实践中形成和培养起来的。

---

① 王国银:《德性伦理研究》,吉林人民出版社2006年版,第232页。

德性离不开生活，德性养成于人的各种各样的实践活动中。随着人们生活世界的丰富多彩、社会分工的越来越细，相互之间的依赖和联系更加紧密，德性的形成更加具有现实的意义和价值。德国哲学家哈贝马斯认为，道德规范是社会关系能够不受干扰和破坏而得以维持的前提，其社会功能和价值功能只有满足以下两个条件才能实现：一是这些规范被一定的社会集团或共同体中的人们所接受；二是这些规范建立在理性基础之上，人们可以经过合理话语讨论，满足其有效性需求。

4. 自我价值的实现

德性养成是实现人与自然、人与社会、人与自己相和谐的内在动力。从人类社会生活实践的内在性、整体性、超越性来看，德性养成也是真正实现人的自我价值的途径和方式。

（1）德性使人成为人

德性是人的道德本性，是人生具有的向善的本性。在我国传统哲学中，把德性视为"成己成物"的根本标志。所谓"成己"就是完成自己的人格，实现人的"真己"的存在。所谓"真己"也就是脱离兽性的自我，成为"真我"，这是人的本质的形成，同时又是人的最真实的价值的展现。西方文化传统中，亚里士多德和麦金泰尔也都主张从德性实践活动的内部去寻求心灵的满足。亚里士多德认为一个有德性的人，就是内在地具有某些"被称赞的或可贵的品质"的人。"人类的善，就应该是心灵合于德行的活动。"他认为德性不是某种关心外在的价值、理念，而是人类内在的、合乎理性的生活和行为。幸福的生活是那种充分实现人自身潜能的生活，是生活的圆满或完善。这就是德性能使人之成为人的价值所在。所谓"成物"就是德行所创造的社会价值。

（2）德性使人自我超越

德性是从人的生活实践的内在性、完整性和全面性出发，关心人的存在和发展的全面性，以实现人对自我统一性和不断追求自我的整体超越。人是作为一个整体而生活着的，人的个性品格等德性因素也是完整统一的。事实上，作为完整品格的德性才是行为主体产生能动性的核心因素，是影响人的一切道德活动的内在机制。英国道德学家塞缪尔·斯迈尔斯说："品格是世界上最强大的动力之一。"良善的德性之所以在人的精神素养中占有核心的地位，主要表现在其对自身精神力量的开发和挖掘，也表现在其对自身思想层面的更新解放的功能上。所以，德性不仅是自我创新、不断为自己开辟新的道路的力量，也是一种自我规范、自我控制、自我调节的力量。正是德性推动着人不断地自我创新、自我发展、超越自我、追求卓越！

(3) 德性提升人生的价值目标

亚里士多德曾说过："德性确定一个正确的目标，明智则提出达到目标的手段。"① 人的现实生活实践表明，德性有助于确立人生正确价值目标，提升生活中的品格。人生到了一定时期，就会不可避免地思考着"希望自己成为什么人，成为怎样的人，思考怎样的生活是最好的生活，是最有价值的生活"。显然，我们所追寻的好生活不能与良善的德性相违背，只有具备这样的良好德性才会使我们获得好的生活，才会给生活确立起正确的指导原则，也才会提升我们人生的价值目标，进而实现生命的崇高价值。不难看出，生命的价值是与德性价值目标的追求相联系的，德性在人生的价值判断或价值实现中起着极其重要的作用。

(4) 德性确立人生的终极价值

德性具有人生的终极性。在古代，德性是对生活整体善的追求，而善的东西常常被人们视为人类应该追求的终极目的，凡是被视为善的原则的东西，也往往被视为终极价值。儒家思想的创立者孔子视"仁"为终极价值目的。后继者孟子说："富贵不能淫，贫贱不能移，威武不能屈。"② 这个不能动摇的原则也正是为了达到仁的目的。当生命与道德发生冲突时，甚至可以"舍生取义""杀身成仁"。可见，德性对人生终极目的的确立起着关键作用。"一个人的生命总是表现为实现某种目标，这种目标也构成了人生的终极价值。"③ 而德性之所以具有终极性，本身就可以成为人生的追求目标，根本在于"以德性为目标"的本身就是自足的、终极的，而人如果实现了这个目标，就会产生一种幸福感，人如果实现了自己所追求的德性，他（她）就获得了以德性为内容的幸福。

---

① 《亚里士多德全集》，徐开来、余纪元等译，中国人民大学出版社1994年版，第134页。
② 《孟子·滕文公》（下）。
③ 陈根法：《论德性的意义和价值》，载《复旦学报》（社会科学版）2002年第3期。

(二) 德性养成的文化价值

人是文化的产物，人又创造了新的文化。德性养成标志着人类先进文化的凝成、文化内涵的丰富和繁荣，提升了人的境界、人类文化的精神品质，为人类自身发展奠定了新的基础。人创造了有意义的文化世界，同时也创造了自己的本质；在这种交互作用中，文化本论既承认人的道德本性是在文化长期而持续的发展中出现的，同时又承认人的道德本性对文化创造发展的规定性；文化的创造积累成一个人有意义的文化世界以后，人的灵明之心、道德本性，虽生下来已经存在，但它只是人的本质的一种规定性，然而就其价值的意识发生、建构的现实性来说，则全部来源于有意义的文化现象。即使他（她）对外部自然界价值的意识，也是以有意义的文化世界为中介的，他（她）真正变为外部自然界价值存在的自觉的理解者和意识者的。①

人作为文化人必然具有文化素质和文化价值理性。所谓文化价值理性是人关于是非、善恶、荣辱、美丑等根本文化价值的理念、规范与态度，它是人类价值理性的核心与精髓，其对于人类发展的根本定向与定性作用和指导意义是不言而喻的。人的文化价值理性主要包括道德价值理性和审美价值理性两大系列，其中的道德价值理性主要是指人关于是非善恶问题的基本理念与判断，它是处理人与人、人与组织、人与社会以及人与自然关系的原则与规范。在日常生活中主要表现在家庭道德、职业道德、公共道德诸层面，修身养性、明礼守信、爱岗敬业、合作互利、扶危济困、爱护自然等就是现代社会的基本道德价值理性规范。现实的人也是审美的人，具有审美价值理性和按照美的规律活动，这是人的本质属性和本质需要。所谓审美价值理性是关于事物属性与人的审美需要之关系以及美与丑等的理念、原则与态度，它属于价值理性的最高层次，对于人的活动具有终极性的判断与选择作用。显然，只有确立正确的审美价值理性，追求和创造美的产品、美的世界和美的人格，同时不断抵制和消除丑的事物与行为，才能有效地防范和纠正对象异化，矫正社会结构与心态失调，使世界

---

① 司马云杰：《文化价值论——关于文化建构价值意识的学说》，陕西人民出版社2003年版，第49页。

真正符合人的理想需要和增进人的幸福发展。

1. 社会文明程度的提高

人是文化的人,创造了文化环境,即创造了"第二自然界"。从第二自然界获得了区别于动物的文化心理结构、高于动物的良知明觉。德性养成是人的文化的提高与文明的体现,文明是社会进步的状态,与"野蛮"相对。一般认为,文明是具有进步价值取向的人类求生存、求发展的创造活动的过程和成果,包括物质文明、精神文明、制度文明等。人类社会发展的历史表明,一个社会只具有繁荣的物质文明,而没有强大的精神文明,缺乏深厚的德性伦理文化素质,那么,这个文明社会就没有清晰的发展方向和可靠的可持续发展的基础。德性作为文明的基石、文化的缩影,一次次使我们摆脱邪恶势力的进攻,弘扬文明,伸张正义,凝聚社会发展的力量。因为德性所具有的高尚的人格,形成一种文明、团结的社会时势,从而养成社会良好的风俗,提高了社会文明程度。

(1) 文明的内在德性尺度

德性作为文明的基础,就社会整体而言体现在伦理道德文化传统之中,体现在风俗习惯和生活方式里。它对个体和社会潜移默化地发挥着作用,是我们所称的软实力。好的风俗和习惯,造就社会文明,造就人与人、人与社会、人与自然和谐与秩序。表征着生活世界的条理与文明有序,又保证了社会的和谐与发展。没有深厚的伦理文化素养,没有德性的支撑,我们作为社会个体,生活就会丧失理想信仰与价值追求,精神世界就会空虚无聊;作为人类整体,其精神世界就会自己摧毁自己,文明稳定生长便没有最可靠的基础。事实上,人类及其个体成员正是通过德性的文明力量,使我们摆脱了落后、愚昧和迷信。

黑格尔说过,人的品格就是人的一连串行为,高尚的人格之所以高尚,既是因为它产生于高尚的人格诉求,也是因为它时时与邪恶势力相抗衡。因此,赫拉克利特说"人格是人的守护神"。今天,市场经济物欲的骚动,金钱的诱惑,善恶之冲突,正邪之较量等,比以往任何时候都更加激烈。没有德性的看护,我们的社会将会陷入混乱和纷争的状态;我们将自绝于自己创造的文明。只有人人追求高尚的人格,自觉遵守法律和规则,社会的道德水平才会提高。德性已经成为文明的守护者。人创造了文化,文化帮助人完成了自己本质的实现。

(2) 德性形成民族凝聚力

文明之主体在于民族，文明的精神也就必然体现在作为民族"心灵特征"的民族精神和民族凝聚力上。而德性是民族精神的魂魄，因为社会核心价值观和人格追求才是民族精神的核心，它是一个民族在长期社会历史条件下逐渐形成和丰富的价值精神特征。以德性为内在核心的民族精神，是民族团结的力量，是推动民族前进和发展的源头活水。每一个民族都需要精神品格来维护和支持，民族的凝聚力是一个民族长期文化的浸染、文明的滋养形成的。讲德性，崇人格，始终是一个民族存在的根基。

如果没有文化精神，人类无论做出多少实际而具体的努力，都无法实现民族的发展，从而也不可能获得真正的文明。在德性的文化价值中，综合了人类全部的文明要求，体现了文明追求的整体性精神。一个民族通过这些文化精神产品，去学习、接受、滋养和继承历史传统、发展历史传统，从而使民族的历史传统获得无尽的思想源泉和文化根基。人类进入文明状态后，精神生产及其产品的历史传统意义更为重大，历史传统的思想文化性更为显著。经过历史的积淀，形成一个民族的凝聚力。

麦金泰尔在《德性之后》一书中写道：德性就是去做要求做的事情，站在现代社会的角度上看，德性的意义和价值已日益凸显重要。现代人随着知识的积累，他对自己要达成的目的和手段已愈来愈清楚了，正义与邪恶、索取与奉献时时考验着每一个人的德性。德性正是通过每个人心理上的认同、感情上的拥戴、行为上的遵守、内心文化的趋同，如同一只无形之手将人们联系起来，形成"同心同德"的、人人信服的社会整合力量，将整个民族的感情、意志、行动凝聚成为一个牢固的整体即民族凝聚力。它促进了多民族国家的统一和文明的发展，建构了民族的价值观。

2. 人类精神家园的建构

文化发展到一定的阶段，人类就会思考和追问：人的价值是什么、人为什么活着、人生的意义是什么等形而上的问题。这些问题会随着德性的发展，越来越深入地引起人的思考，而且这些问题会一直伴随着人的一生。不论是中国传统文化，还是西方文化，直接论述人的问题的哲学举不胜数。现代社会全球化与市场化的发展，使人们更加注重外在的价值需求，人们更加追求金钱、物质的享受，而忽视内在精神家园的建构，丧失了人的存在意义感与价值感，意义的追寻与价值的判断走向实用的、现世的世俗化。随着物质的满足，关注人类自身的精神和心理健康的美好构建和健全发展，这才是事关人类的终极关怀和人类最根本、最本质的需求所在；人生境界表明人类对物欲满足的追求是无止境的，如果对人类追求物欲的满足不加以节制，任其无限发展，必将导致人类精神境界的堕落、人性的退化和德性的迷失；同时，人生境界也表明，其功能不在于它功利性地满足人的物质的需要，而在于它为人的精神需要的满足提供了一个超越的平台。德性的追求，使人明白一个人的精神追求可以达到无限高远，一个人的精神境界也可以达到无限的高远。而这些内容无不是人类精神家园的本质内涵。

3. 先进文化的建设

人、文化与文明存在着三位一体的联系。人创造了文化与文明，文化与文明又反过来影响塑造了生存在自身环境中的人。如东西方文化与文明的差异影响塑造了东方人相对传统和保守，西方人相对现代和开放的差异。这是悠久历史与短暂历史差异造成的。科技的发展给东西方文化与文明交融提供了方便。新文化、新文明可以瞬间被世界共知与共享。文化则是人与文明的丰富内容与存在方式。文化就要论及人。这种活动的要求与理想就是文化的文明精神。文化的本质以其人性完善、人类发展的创造性决定着文化的追求与理想。因此，对文化追求，实质上是对文化本质的人性内涵与创造性实质的要求。这种要求作为文化活动的准则，为文化与人类的发展明确了目标和方向。

封建文化把人引向神和迷信的怀抱；资本主义文化鼓励人们积极地利用科学知识，追求经济发展的最大效益，在人类对世界的征服中体现自身的价值和意义；而社会主义文化从人的本质属性出发，在关注人的生存价值与意义中重视人、发展人。社会主义文化追求的是人的权利平等、公正和公平，消灭人对人的欺诈、剥削以及不公平、不公正的制度。

人是文化的产物，有什么样的文化，就会有什么样的人。先进的文化造就了积极向上、乐观进取的人格特征，落后的文化往往塑造出消极颓废、得过且过的人格特征。当然这是从人类的总体上来说的，就个体而言，并不能一概而论。现代社会中，许多人由于被"世俗"习惯所囿，没有认真思考这些问题，他们所做出的选择、他们的人生境界的生成基本是在自然的、摹仿的、被动的状态中做出的决定，所以出现了社会发展的悖论状态：一方面是经济的快速发展，人变得越来越富有；另一方面却是人的价值批判能力的渐次丧失，人的内在精神变得越来越贫困。而人生境界是实践主体在主客体互化的基础上对真、善、美的一种价值追求，人的价值与意义是人生境界的构成核心，因而先进的文化可以使人类更好地"认识你自己"。

（三）德性养成的社会价值

德性养成的社会价值的实质是指德性的外在价值，主要是指德性对于社会和他人所产生的正向作用，当然也包括德性对自然的价值和意义。德性虽然是人的内在品格，但它总是通过人的道德实践对外部产生重要的影响。因此，德性的社会价值也可以说是德性行为的外在"副产品"。德性具有社会约束性力量。德性之价值本身也就告诉了人们哪些是应当做，哪些是不应当做的。德性具有实践的品格，德性的形成源于生活实践，德性的履行更是一种实践，是产生巨大社会价值的深层次内部因素。哲学家康德指出："德性的力量也就是把责任的'应该'，转变成现实的力量，在自己的社会角色中，履行自己的责任，去尽自己的职守。"①

德性的社会价值常常体现为个体的人生价值，它是人作为价值客体所具有的价值，即人作为价值客体对人自身、他人或社会乃至自然的作用和贡献。作为德性的社会价值的实现，个体的人生价值表现为：一方面是个人对社会的责任和贡献，即人的社会价值；另一方面是个人对自己的满足和发展，即个体的自我价值。具有良好德性个体的完美人生价值是自我价值与社会价值的有机统一。

马克思主义认为："既然人天生就是社会的产物，——对于他的天性的力量的判断，也不应当以单个个人的力量为准绳，而应以整个社会的力量为准绳。"② 所以"评价一个人的价值，不仅在于他存在和需要是否从社会、从他人那里得到承认和满足，更重要的在于他为社会、为他人尽了什么责任，做出了什么贡献"③。德性养成的社会价值表现在以下两大方面。

---

① 陈根法：《论德行的价值和意义》，载《复旦大学学报》2002年第3期。
② 《马克思恩格斯全集》第2卷，人民出版社1957年版，第167页。
③ 胡乔木：《关于人道主义和异化问题》，载《红旗》1984年第2期。

1. 社会实践价值

从价值角度来看，德性具有实践的品格。德性养成植根、内含、渗透于人的各种各样的生活实践中。德性的实现，不是孤立的个人活动，是一种社会实践活动。德性渗透在人类的一切活动领域，生活的广阔边界才是德性价值的边界。人的个人生活、家庭生活、团体生活、政治生活、经济生活、文化生活等都有德性的渗入，德性实践对社会发展产生着巨大的外在价值。

(1) 德性要满足社会和实践的需要

德性存在于每一个行为主体之中，是后天实践过程中养成的，通过主体实践而发挥其作用。作为一种"获得性人类品质"，对德性的评价不仅是对作为主体的人的品质进行鉴定，更为重要的是，任何德性的评价都不能离开社会实践和历史发展阶段，都不能脱离社会实践发展的需要抽象进行。人类本质上是一种社会性存在，人的本质通过其实践而表现出来。社会实践对德性的决定作用的一个方面体现在德性本身的意向性上，即德性的产生、发展、变迁都是为了满足社会和实践的需求；另一方面体现在德性的实践效果上，即对人类社会的生存发展所起的作用和效能上。"我们这一时代的一大特征就是科学研究硕果累累，科研成果在技术应用中也取得了巨大成功。大家都为此感到欢欣鼓舞。但我们切莫忘记，仅凭知识和技巧并不能给人类的生活带来幸福和尊严。人类完全有理由把高尚的道德标准和价值观的宣道士置于客观真理的发现者之上。"[1]

(2) 德性价值具有实践—精神的双重品格

人作为一种"二重性"的特殊存在，其德性价值具有两重性：作为德性价值的创造者来说，可以是意识，亦可以是行为实践；作为德性价值的受益者而言，可以是精神上的满足，亦可以是物质上的受益，甚至兼而有之。仅仅把道德价值归结为精神价值是片面的，道德价值具有实践—精神的双重品格。[2]

---

[1] [美]海伦·杜卡斯、巴纳希·霍夫曼：《爱因斯坦谈人生》，高志凯译，世界知识出版社1984年版，第61页。
[2] 韩作珍：《道德价值及其实现》，载《长安大学学报》（社会科学版）2008年第4期。

人的德性实践与养成正是以实践—精神相统一的方式，来把握并努力实现自身的个体与社会价值。德性是植根、内含、渗透于人的各种各样的生活实践之中。它是由本能、情感、语言、劳作、消费、休闲、传统、习俗、价值等各种要素共同作用、共同影响、共同制约而生成和发展的。德性发生、发展的动力不是单一的，它是由多种要素共同作用的结果。精神的本质是主体的自由，实践决定了和推动着精神由伦理阶段到教化阶段到德性阶段的发展，从精神的角度对实践和实践中的善、自由进行反思。

人类通过各种对世界的认知方式来满足自身的各种需要，以实现对自己的肯定和发展。它的基础是人类主体精神的自律。从人自身及其需要上看，德性是属于人的精神世界的一个层次，任何人都有德性上的需要。人的情、意外化为真、善、美的追求，理性驾驭情感、情感丰富理性的过程，即德性价值实践—精神的双重品格的体现。

（3）道德价值在于奉献和牺牲

马克思说："如果一个人只为自己劳动，他也许能够成为著名学者、大哲人、卓越诗人，然而他永远不能成为完美无疵的伟大人物。"只有"那些为共同目标劳动因而自己变得高尚的人"，才是"伟大人物"；只有"那些为大多数人带来幸福的人"，才是"最幸福的人"。[①] 人类生存是社会性生存，劳动是人类生存发展的基本活动，既然是劳动就必然具有社会性，就要在共同合作与协作中展开和运行，就要不仅为自己更要为别人的生存发展而劳动。道德价值虽然不排除个人利益，但道德价值的最高境界在于为他人、群体和社会奉献和牺牲。正如马克思所指出的："既然正确理解的利益是整个道德的基础，那就必须使个别人的私人利益符合于全人类的利益。"[②]

（4）德性实践是自律和他律的统一

自律指把价值理念、规范内化为自己的信念，达到自我完善和发展的理性自觉之境地。他律指价值理念、规范处于主体的外在地位，成为一种外在力量，还没有变成康德认为的"绝对律令"。德性实践是自律与他律的统一，其形成过程是从他律向自律的转化过程，最终形成极强的自律人

---

① 《马克思恩格斯全集》第4卷，人民出版社1982年版，第7页。
② 《马克思恩格斯全集》第2卷，人民出版社1957年版，第167页。

格特质。之所以强调自律,并不是说他律行为就没有德性价值。相反,他律行为不仅具有道德价值,而且道德价值一般都始于他律,只有经过反复不断地磨练以后,方能达到自律的价值境界。总之,德性养成以个体的主体性道德人格的完善为核心目标,具有自律的"自我约束"性道德力量和"自我完善"的价值取向。

2. 社会和谐的价值

(1) 形成良好的社会风俗

德性是个人品格在实践中的具体表现。也就是说,德性总是体现在人们所处的社会风俗之中。从社会整体看,德性始终是一种内在的约束,它通过一定道德人格形成一种社会风俗,影响、凝聚了人类对美好事物的追求,通过宣传、传播而使某种高尚行为获得众人的认同并响应,从而形成社会成员的共同意识、普遍心态和共同的价值取向,最终形成一种良好的社会风俗和形成社会良好的道德风尚。良好的社会风俗有利于社会的和谐发展与稳定。良好的社会风俗体现着德性的价值本身所包含的行为标准,它告诉人们哪些是应当做的,哪些是不应当做的。

(2) 凝结成社会责任感

社会责任感是德性的一种内在表现,凝聚社会责任感可以促进德性的养成。德性的价值是组成一个和谐社会不可缺少的。叔本华认为,道德起源于对责任的认识。德性的责任是"全天候",没有边缘,无处不在。责任和社会角色紧密相连。个人扮演的角色越多,所承担的责任也就愈多。德性的魅力在于履行职责中的崇高责任心。一个人对社会创造的价值不仅仅用量来衡量,而且还取决于他的工作质量和社会价值,而这工作质量所产生的社会价值,始终与一个人的责任心和人格相伴。

(3) 造就社会和谐与秩序

德性的内在价值表现在社会层面上是社会的和谐与秩序井然。社会和谐包括人际和谐、人与自然的和谐等多个方面,还包括家庭和谐、社区和谐和社会和谐等不同层次。但无论对于哪一个方面或层次,实现和谐必须要人们通过自身的内在力量对外在行为进行控制来完成,而这里的内在力量就是德性的力量。包尔生指出:"德性旨在提高个人和集体幸福的意志习惯和行为方式。"① 和谐社会的德性是人与自然、人与社会、人与人良性互动的生态标志,在实践中来观察个体,在历史的传统和习俗中来评价自我,在整体的个人生活中来诠释人的具体行为,在社会公德、职业道德、家庭美德、个人品德"四位一体"的建设中协调德性的发展。德性的价值目标在于实现成就个人与成就他人、成就人类与成就自然、成就身体与成就心灵、成就德性与成就幸福的统一。②

(4) 驱动经济良性发展

众所周知,在劳动力、劳动工具、劳动对象这三大生产力要素中,最活跃、最宝贵的是劳动力要素。劳动力是指由劳动者体智和德性所组成的人力资源,其中:体力与智力因素是劳动者在经济活动中通过对劳动工具和劳动对象等进行利用和改造,从而在财、物等劳动资源的价值转换中"实现生产力";而德性因素则起着驱动生产活动得以展开的动力性作用和保证劳动者之间有效合作进行合理的生产、分配、交换、消费的调节性功能。

德性对经济的作用更多时候显示的是提高合作生产效益,提升"社会生产力",实现经济高效有序、持续健康发展的作用。实践证明,人们在经济交易和管理中如果能够显示诚实信用、平等公正等道德品性,自觉远离损人利己、坑蒙拐骗等行为,交往双方在德性的展现中就能实现优化资源配置,促进经济的增长。

(5) 保障政治效力的实现

政治效力是指政治实体(阶级、阶层、政党、国家)及其制定和执行的路线方针政策所具有的影响力的程度或所取得的成果的大小。良好的政治效力的发挥或有力实现离不开善良的德性力量和法律规章的规范调节。一个政治实体的路线方针政策的制定和执行,离不开其成员的坚定政治立场和团结协作精神,离不开其成员的德性修养和善良的价值追求。显然,一个充斥着阳奉阴违、自私自利、贪污腐败、离心离德风气的政治实体肯

---

① [德] 弗里德里希·包尔生:《伦理学体系》,何怀宏、廖申白译,中国社会科学出版社1988年版,第405页。
② 王国银、工伦光:《当代社会和谐德性的价值诉求》,《河南师范大学学报》(哲学社会科学版) 2009 年第 1 期。

定不会有什么良好的政治效力。而且,即使是法律的政治效力也离不开道德的自律和德性的自觉。所谓法律的政治效力即法律在调控社会生活的过程中所产生的应当控制、必须敬重的普遍影响力。法的至上性和法的良好性都离不开德性的保障,最根本的是要靠人们内心对法律的敬重,即对法律的忠诚信仰和自觉守护。否则,法律就有可能被那些缺乏"慎独"情怀与自律意志的人所践踏,或有被他们钻空子的可能。

(6) 引导科技造福人类

科学技术是人类文明的标志。所谓科学技术是指人类掌握认识和应用客观自然规律的实际能力。科技成果是指这种实际能力的水平。随着科学技术的进步和普及,尤其是现代科技的突飞猛进,为社会生产力发展和人类的文明开辟了更为广阔的空间。它极大地提高了产业技术水平,促进了工业、农业劳动生产率大幅度提高,特别是当代高新技术及其产业已经成为当代经济发展的龙头,有力地带动了整个国民经济的发展。同时,现代科学技术的发展也为人类提供了广播、电视、电影、录像、网络等传播思想文化的新手段,使精神文明建设有了新的载体,极大地丰富了人们的精神生活,更新人们的思想观念,为人类社会实践生活提供了丰富多彩的重要途径。实践证明,人类社会的每一项进步,都伴随着科学技术的进步。

当然我们也必须看到,科学技术是一把"双刃剑",人类社会历史也曾出现科学技术被误用甚至危害人类自身生存的残酷事实。两次世界大战中科技成果的非人性、反人道的运用,现代科技推动下的对自然资源的掠夺性开发与生态的严重破坏就是明证。事实证明,知识形态的科学技术本身并不一定包含善的价值,它既能被用来为人类造福,也可被用来满足某些人的邪恶需要。这就决定了人们不能从科技内部寻求善的价值取向,也不能对科学技术抱持盲目乐观的态度。为使科学技术真正为人类造福而不是危害人类,我们必须要寻求一种既存在于科技之外却又能有效调控科技正当运用的深层调控手段,而善良的德性正是这样的手段之一。它使科技工作者包括科技生产者与使用者始终保持向善的价值取向,"远离蒙昧——以善引真",使科学技术的工具价值在求善的生活实践中发扬光大,实现其造福人类的为善的价值。

三、国内外关于德性养成的研究

关于德性的研究,国内外哲人、学者从来都没有停止,随着社会的进步,经济的发展,人类对德性的本质和内涵的研究越来越深入,涌现出许多在德性理论研究有建树的哲学家和伦理学家。这些研究具有较高的理论价值与实践意义。

(一) 德性养成的伦理观念

中西方学者对这一问题的回答尽管各不相同,但他们所论及的德性大都与人的品质之善相联系。在西方,亚里士多德就认为"人的德性是那种既能使人成为善人,又能使人圆满地完成其功能的品性"。① 麦金泰尔更是反复声明:"德性是获得实践的内在利益的必需品质,是有益于整体生活的善的品质等等。"② 总之,中外哲学家、伦理学家普遍认可德性是指人的一种实现美德占有的趋善品质。

1. 西方的德性伦理观念

在古希腊,苏格拉底是第一个把古希腊的道德理论化的思想家,提出了"知识即德性"的命题。认为没有经过理性检验的生活,不值得过。人要理智地生活。毕达哥拉斯提出了"美德乃是一种和谐"的命题。人的生命也是一种和谐。他的思想为柏拉图和亚里士多德的理论奠定了基础。

柏拉图提出了"德性即正义"的著名论断。"人的灵魂是由理智、意志、欲望三要素结合而成的,理智是德性的智慧,意志是德性的勇敢,欲望是德性的节制。美育教育的目的,就是要培养精神与魄力兼备的理想人格。"③

一般我们认为,在西方伦理史上,第一个完整建立德性伦理学体系的

---

① [古希腊]亚里士多德:《尼各马科伦理学》,苗力田译,中国人民大学出版社2003年版,第366页。
② [英]麦金泰尔:《德性之后》,龚群译,中国社会科学出版社1995年版,第343页。
③ 王国银:《德性伦理研究》,吉林人民出版社2006年版,第66页。

人，是德性伦理的奠基者亚里士多德。他对德性本质、形成机制、如何培养、实践标准等一系列问题进行了详细的论述。他认为"德性即中庸"，德性具有选择的能力，它受到理性的制约。一切德性都是实践的，人之成德，在于力行。

中世纪以托马斯·阿奎那为代表，形成了基督教神学德性体系。他继承和发展了亚里士多德的目的论德性伦理学，提出天堂幸福和尘世幸福、神学德性和世俗德性等论题。他将教父伦理学发展到经院伦理学。

20世纪70年以来，以罗尔斯为代表的西方学者提出了具有现代意义的规范伦理思想，使德性基本范畴的研究又成为焦点。

麦金泰尔德性论的特征是：在实践中界定德性；在人的整体生活中把握德性；在历史传统中考察德性；在对抽象人性的批判中把握德性；在与规则的对照中强调德性。他在研究德性的内容时，认为爱国主义和正义等美德是个体和社会德性应该积极提倡的，认为它是贯穿德性的主线的内在要求，是公共的善或社群的公共利益所追求的本质。其实，德性的内容是随历史的变迁而变化，随着社会生活的不断变化而变化，但是在人类的生产活动和生活实践中德性不是立即就能发生改变的，德性意识的变化需要一个渐进的、逐渐适应的复杂过程。德性意识转变后，才能指导德行发生变化，这样才能建立起与社会变化和历史变化相适应的德性。因此，德性应该是指个体在把握自我或处理人际利益关系过程中稳定体现出来的以理性为基础、以积极道德心理为实践动力、以个人自觉趋向于既益己又利他的道德品质。

2. 东方的德性伦理观念

东方的德性理论研究主要包括三种文化对德性的研究。有儒家伦理文化、佛教伦理文化和伊斯兰伦理文化。它们相同的地方有：强调团结合作、个人奉献的整体合作精神，强调道德意识与道德行为的统一，强调道德权利与义务的统一等。在长期的多民族大家庭的文化交融过程中，各民族不断发扬光大各自的优良传统文化，注重吸收外来民族的优点，逐步形成了各具地域性、民族性、差异性的本民族德性文化，与此同时，东方各民族各种伦理思想相互影响、相互融合，具有了德性的共融性特点。

孔子是儒家文化的代表，他指出人的精神修养并不是政治参与的需要，人类应该具有对仁、义的追求，对精神境界的追求是人的本质特点。

德性修养的目标是与天合一。修养的过程就是成人的过程。他主张"仁爱、忠恕、修己"。

孟子主张"性善论"。提出"仁、义、礼、智四位一体"的德性伦理思想。人人都具有人性充实为善的能力。他的德行修养的方法，主张向内追寻。他认为，天是人与万物的根据，人的精神修养也应对天加以道德化。任何人都可以通过修养具有道德，只有人才具有道德，而动物禽兽没有道德。因此他认为，德性就是人所具有的，是与生俱来的本性，这种本性即人性，人性本善。

"天人合德"思想是中国古代儒家德性伦理的核心内容和基础。他们认为人在社会生活中的表现是天的本质属性，人类社会伦理道德本原在天。一个社会道德行为规范以及道德要求，就如天一样，是天经地义的、合乎常理的。天是人类社会生活实践和一切行为的最根本法则。人类社会道德要效法天的自然法则。儒家德性伦理思想源于中国传统农耕社会的自然经济要求，全面渗透和表现在中国传统的封建统治的政治、经济和文化的各个方面。精神境界的追求作为人的本质需要，我国历代哲人所关心的最根本、最主要问题就是个人的修心养性和社会的治理。修身、齐家、治天下，成为我国儒家讨论的中心话题。[①]我国传统的儒家学说大多依赖信仰和权威得以延续发展，没有经过理性的严格论证，没有经过"辩证法"的充分洗礼。中国人虽然也讲理性，但理性是从属于德性的范畴，是在德性的支配之下进行活动的。理性远没有发挥它应该发挥和能够发挥的作用。

"普渡众生，人己同一"的佛教德性伦理思想，强调要尊崇佛法，遵守五戒、实践十善，协调人与人、人与众生之间关系和谐美好。

在当代中国，关于德性研究的成果比较多。复旦大学的陈根法教授所著《德性论》，在现代德性研究中，占有重要地位。他系统论述了德性的意义和价值，对东西方德性做了全面的比较，对德性在现当代追求的意义、目标，做了深刻的反思。德性是当今社会发展的精神力量，是当今社会文明的尺度，是社会和谐的力量源泉。

华东师大的杨国荣教授所著《思与所思》一书"论德性"一章，从伦

---

① 严火其、韩璞庚：《德性与理性的历史变奏——对人类文明史一种解读》，载《人文杂志》2006年第2期。

理学和哲学的双重视域中，论述了德性与规范的本质不同、德性与德行的辩证关系，重点论述了如何成就德性。他认为：成就德性是一个悖论，解决这一悖论的方法和途径就是要将德性的养成看作一个过程，是一个教育和学习与实践的过程。培养德性要以天性和潜能为出发点；重视个体的社会化过程；健全学校的情感教育；在教育过程中，不能停留在灌输和说教，应当采取叙事的方法，循循善诱。道德教化与个体学习相结合。全社会要给出理想人格和榜样的示范。他的理论为今天我国加强学生德性培养，指出了方法途径，成为我们实践的理论指导，很有现实意义和价值意义。

李兰芬教授认为：德性就是使一个人变得更加高尚，并使其在实践活动中追求完美的品质。

王国银教授认为：德性作为内在的品质，不仅来自义务的规范要求，还来自"善"与"恶"的价值规定。德性的评价尺度是重要的。

张传有教授认为：德性是要做道德所要求做的事的习惯和气质，是人们渴望具有的一种稳定性的气质。德性是道德内化于自我所形成的内在的一种美好品质，这才是德性的本位和本质。

3. 东西方德性伦理观念对比

生活的世界就是一个伦理的世界。不同的文化塑造出不同的德性。古希腊理性主义和希伯来精神为深层意蕴的西方文化和以中国天人合一观念为核心的东方文化是人类历史上形成的两种地域的文化体系。两种异质的文化传统缔造了两种不同类型的文明，同时也衍生了两种不同的德性伦理体系。

（1）对知识的理解

西方德性伦理指的知识不仅包括伦理道德知识，也包括自然科学和社会科学知识。苏格拉底认为最高的知识是关于"善"的永恒不变的知识，但他并不否认还有其他方面诸如逻辑、政治、诗歌、艺术等一般的或具体的知识。提出了古代的知识伦理、近代的认识论伦理、现代的科学化伦理、当代的伦理学的生态转向等观念。在东方，儒家德性论的基础"天人合德"建构了生活各个领域的德目系统，构成了人们的行为准则和修养的理想目标。在中国主流哲学那里，认识论理学为基本内容，实际上主要以道德修养为内容。认识的对象即作为道德主体性自身，理解和认识了人性，一切宇宙原理和社会要义就尽在其中。

（2）对价值目标的理解

中国传统伦理从人的"道德性"出发，而西方德性伦理则是从人的"自然性"出发；前者把追求至高无上的道德当作其伦理价值观的最终目标，后者则把追求幸福当作其伦理价值观的终极目标。但是在如何保持德性对人格的滋养、如何获得幸福、提升生命的质量上，东西方有着近乎一致的看法。

但是东西方德性伦理也存在着差异，使得人类以各自对伦理方式的把握，追寻着人生的意义，实现着各自的社会目标。不同的德性伦理要求人类生存和发展的不同路线，表现出既具有整体上的一致性，但每一种又都表现出各自的特点。

（3）对情义与公正的理解

中西方德性伦理的不同之处还在于：中国传统德性伦理是一种情义伦理，是在血缘关系中展开的，是亲子之间的一种伦理关系，在传统德性伦理中，孝道成为第一要义；西方的德性伦理凸现了理性伦理在伦理中的地位，把个人的美德延伸到社会国家的伦理、公德，强调超越血缘关系的友谊，强调社会的公正秩序。

（4）对公德与私德本位的选择

西方伦理观是以公德为本位的；而中国伦理观是以私德为本位的。在中国传统社会，社会运转的顺利进行，要依赖于政治与伦理这两种非经济社会要素的互动，来推动社会历史进程。并且中国社会这种政伦互动运作模式，作为一种稳定架构未尝有过根本性的历史中断，这造就了中国传统伦理以私德为本位的倾向。而西方社会尤其自近代以来，随着商品经济的发展和民族政治的发展，逐渐形成一个各种社会要素离析而发生互动的社会，从而形成了完全不同于中国伦理传统的以公德为本位的道德体系。

儒家伦理观与考虑纯粹个人的私人利害关系而力图维持契约社会的西方自由主义的个人主义不同。从根本上看，它不是关注个人利害关系的筹划，而是为实现社群全体和谐与安定，儒家的伦理观，归根到底是强调人们一定把自己的立足点放在这样的世界上，即要求通过社群的需要来实现自己的作用，规定个人义务。这种世界观是一种有机体论的世界观。

东西方传统德性伦理各有其长，也各有其短。二者应该互补，二者都

有需要改造的部分。中西方两种不同的德性伦理，代表着两个不同的价值系统方向，二者都既有积极的一面，也有消极的一面。其积极的一面具有实际价值，其消极因素仍在影响着当今社会。对这些，我们应客观地、实事求是地全面分析。我们必须立足于本民族的文化传统，寻找出有利于现代化的因素，积极地吸收传统文化和外来文化的优秀成果，从而建构具有中国特色的社会主义道德价值体系。

（二）德性养成的教育理念

教育的任务就是"去形成一个人"。教育是传递人类文化的活动。它标志着人类文明价值的传承。教育者肩负着对下一代必要的德性指导和价值引导的责任。我们的教育实践活动是德性养成的基础和前提，它蕴含着教育者自身的德性引导和示范作用，内含教育者自身的价值选择和价值目标。但是，教育者的价值指导和示范又是有限的，更多的是教育作为精神的引导，给学生以内在的动力。这就意味着教育者的这种精神价值引导能够有效地启发、敞开学生的价值世界。提高他们的价值判断水平、选择的意识与能力，指明他们通向可能生活的价值方向和途径，让他们自己在社会的发展中，面对纷繁复杂的开放的、多元的、无限沟通的社会生活，学会从容、自主地建构个人的价值世界，成为生活的主体。

我们的教育就是帮助学生养成高尚的德性，追求完美的人生。使我们的社会不至于在走向现代化的过程中，让年轻的一代迷失前进的方向。我们想把学生培养成什么样的人，具有什么样的品质，教育就应当首先承担起这个使命。教育应该时刻关注人，体现面向人、走向人的终极价值，使德性养成教育成为生命教育的起点。

1. 德性养成的教育基础

教育成为德性养成的前提和基础。养成德性需要对年青一代进行社会行为规范教育、社会公德的灌输与引导，主要表现在"德知"的学习和道德行为习惯的养成。

教育担负着教化人思想的任务，教化是使德性按照一定的社会要求进行培养人的手段。学校要精选人类文化的精髓，作为学生学习的内容，即我们所说的德知，挑选优秀的教育工作者担负传递和培养德知的重任，要讲求教化的技巧与方法，启发学生的思考和行动。要把社会的法律、道德规范、制度、要求等内化为学生的心理。因此，教育是德性养成的前提和基础。

人的德性的养成，是多方面努力的结果。一方面需要现代的教育把人类在千百年来所形成的传统美德作为道德内容传授给德性主体，还要把一个社会的道德规范、法律约束等作为养成道德个性和德性主体的重要资源，同时还要重视德性的认识教育和德性的疏导和灌输教育。在此基础上，我们还要教育学生学会反思和慎独，引导学生自主、自觉地加强德性修养，提高思想觉悟，达到教育的最高境界自我教育。

2. 德性养成的环境基础

家庭教育、学校教育、社会教育是德性养成的教育环境，教育贯穿德性养成的一切生活。家庭教育、学校教育、社会教育三者相互影响，要实现三者的有效协调，才更有利于德行的养成。

所谓德性养成，不仅是指在课堂上接受教育，懂得道德的要求与规范就能养成，而是要在生活中、社会实践中自觉培养自己的德性，使德性成为自觉的意识、自动的要求、自身的习惯，逐渐养成德性的理性世界和德性的习惯素质。

学校的教育是德性养成的重点。现在一个人成长的关键期基本都在学校度过，一般要经过12-16年学校生活。这正是价值观、人生观逐渐形成时期，良好的教育为学生德性养成提供了基础。家庭教育也不容忽视，家庭的熏陶在人生成长中具有重要作用。社会环境的影响是潜移默化的，社会的锤炼是成就理想、实现人生价值的关键。因此，我们要提高学校教育质量，实行高效课堂、有效教学，加强渗透、寓教于乐，丰富课内外活动和社会实践活动，为学生德性养成提供良好环境。如在第八次课程改革中，我国初、高中课程增加了综合实践活动课程，在高中三年的学习中要完成23学分综合实践活动课程，要求学生深入社会生活中去，才能形成较为科学的认识，从而养成德性。

3. 德性完善的社会化条件

教育能使人的自我意识不断完善。正是教育使人的心灵得到提升，是教育使学生学会许多不知的道理和知识，是教育使道德在学生内心得到重新认定。正是教育帮助学生分辨道德，学会选择，选择他们应该选择的行为方式，是教育帮助学生完善自己的学习实践、生活方式和人生追求，从而使学生的情感、态度、价值观与社会的道德要求相一致,与学生的主体需要相一致。经过教育的过程,学生才能有自觉自主的行动,达到自我意识的完善。自我意识的发展和完善是学生进步的主要表现。因此,教育对于学生学习道德规范、形成道德意识、选择道德行为、实现德性养成等,具有不可替代的作用。

(三) 德性养成的心理分析

在心理分析中,德性是指"一种摸不着看不见的、存在于每个人自身内部的东西,是通过一个人的行为所表现出来的行为者的内心状态或心理特征"。[①] "它是一定社会或一定阶级的道德原则、规范在个人身上的体现和凝结,是处理个人与他人、个人与社会关系的一系列行为中所表现出来的比较稳定的特征和倾向。"

人作为人的存在,他(她)具有意识、心理,但意识、心理并不是人道德生成与演进的客观基础。心理是大脑的机能,是人对客观存在的主观映像。恩格斯说:"费尔巴哈的道德论是和它的一切前驱者一样的。它是为一切时代、一切民族、一切情况而设计出来的;正因为如此,它在任何时候和任何地方都是不适用的,而在现实世界面前,是和康德的绝对命令一样软弱无力的。实际上,每一个阶级,甚至每一个行业,都各有各的道德,并且,只要它能破坏这种道德而不受惩罚,它就加以破坏。而本应把一切人都联合起来的爱,则表现在战争、争吵、诉讼、家庭纠纷、离婚以及一些人对另一些人的尽可能的剥削中。"所以,"人们自觉地或不自觉地,归根到底总是从他们阶级地位所依据的实际关系中——从他们进行生产和交换的经济关系中,获得自己的伦理观念"。

1. 德性的自我选择

人的行为来自自身的内在需要。人的德性养成来自个体的道德选择。人为了更好地生存与生活,为了更好地适应社会的发展,在实践活动中,总是积极地适应环境,当社会提出规范和要求后,人总是会根据自己内在的需求,进行选择,从而与社会保持高度的统一。

德性是对善与恶的认知和把握。德性对善和恶的认识与把握既是一种

---

① 王海明:《新伦理学》,商务印书馆2001年版,第603页。

道德观念的选择过程，也是道德行为选择的基本前提。道德主体通过对善与恶的认知和把握，形成德性主体的自我意识，进而驱使道德主体按照一定的道德规范行事。

在德性活动中，德性主体总是依据自己的德性对外来道德信息进行选择和过滤。德性统摄着个体的全部接受反应，选择控制外界信息的流入，是一种特殊的过滤器。道德活动是德性主体根据自己的道德信念和道德理想而进行的自我抉择。在道德活动中，德性主体总是依据德性的价值尺度去说明外部道德现象，推断他人行为的道德根据，评价他人的道德行为。

在德性活动中，德性主体总是依据其内在的德性来确定外在行为的方向。从一定意义上讲，德性主体的道德行为，就是其内在德性的外化。德性活动是一种理想性的选择活动。德性活动具有理想性、观念性，因而可以给人以提升作用。德性活动的目的是善，来自现实又超越现实。

总之，德性作为人的自主的选择活动，具有选择力。在社会生活中人们总是依据某一或某些道德原则或准则进行德性选择，这是人的活动的基本特点。然而，在现实生活中，由于人们的道德生活非常复杂，这种选择往往是在道德准则之间发生冲突的情形下进行的。尤其当社会处于急剧动荡变革时期，总要伴随着一场剧烈的道德冲突。新与旧、中与西、传统与现代、进步与落后，各种各样的道德观念杂糅渗透，异彩纷呈，让人们感到选择困难，无所适从。提高德性的选择力，使人们在道德冲突中正确地进行选择，并勇于承担道德责任。

2. 德性构成的知、情、信、意、行要素

德性是由道德的知、情、信、意、行等心理因素构成，道德意识、道德情感、道德意志、道德信念、道德行为相互作用，德性是人的行为的精神动力和方向指南。德性的主体可以呈现为：内可生成主观认知的道德意识、道德信念，外可表现为客观评价的道德行为。具体德性的呈现通过德性认知、德性信念、德性情感、德性意志以及德性行为等几个方面来表现。这些德性的要素各有其特定的内涵与作用，又相互联系、相互影响。

道德意识和道德信念是对自己、他人、社会、自然等存在与变化规律的正确认识、理性认知和真实表达，对道德行为具有指导与反馈调节作用。它是通过人的语言（或文字）表达并被感知的。它能反映出人的内在与外在的和谐存在与变化规律。道德行为是指那些符合真善美标准、顺应客观存在与变化规律的实践活动。从本质上讲，道德意识一旦被表述出来，也就属于道德行为范畴了。

德性认知，就是把符合真善美、顺应事物存在与变化规律的"东西"从整体中分选出来。这个"东西"就是德性认知的对象，它符合真善美的标准、顺应事物存在与变化的规律。德性认知是德性主体对德性要求的观念层面的把握。它主要指人们对德性形成的规律和意义的一种认识。任何一个社会成员如果要使自己成为一个具有良好德性的人，就必须了解德性的真正内涵，了解该社会对其成员在道德层面上的要求以及当时社会对德性评价的基本标准和方式。德性认知是一个由浅入深、由现象到本质的认识过程。它的终极发展目标是"德性智慧"。拥有德性智慧，就拥有了把握隐藏在纷繁复杂现象之下的道德规律的能力。可以说德性智慧是使人成为具有高尚德性的人的知性基础。而德性智慧的形成有赖于人知识的广博，另外还需要人具有果断的判断力和坚定的信念与意志。

德性情感，就是对德性认知"对象"的"持续关注"或"功能依赖"状态。它是德性主体对于现实生活中的各种复杂的德性关系以及某些德性行为所持有的态度，它与人们对道德实践中的德性需要是否得到满足有关。它是人所特有的一种高级形态的情感，也是人们对道德规律长期体验生成的结果。首先德性情感源于人的德性认知，但同时它又比德性认知更具有内在的稳定性。当德性形成的主体在生活实践中经受一定程度的磨练时，辅之以人的理性的指引，就会在人的内心深处形成一种稳定的力量，它会持久地、积极地影响着人们各种德性行为的完成。其次，它也是德性认知转化为德性行为的必要条件和纽带，也是德性意识产生以及德性行为出现的内部源动力。我们可以按照德性情感中情绪体验的不同，将人的德性情感分为积极的和消极的两种。积极的德性情感一般是对符合德性规范的思想和行为的肯定、热爱。它常伴有积极的情绪态度与情感体验。积极的德性情感令人愉快和满足。而消极的德性情感则是对不符合德性规范的思想和行为的否定。它伴有失望、否定等消极的情感体验。消极的德性情感令人沮丧。但积极的德性情感不一定都是好的，消极的德性情感也不一定全是坏的。其区分标准在于相应的道德情感与什么样的德性认识相联系。当积极的德性情感与正确的德性认知相一致时，它就会令人感到自豪，能起到催人奋进的作用。如果建立在错误的德性认知基础上的积极的德性情感实质上是消极的,它常常会造成更多的违背德性规范的行为。可以说,消极的德性情感与正确的德性认识相联系,则能使人觉悟,给人教训,起到正确的引导作用。

德性意志,是建立在德性情感的基础上的,对德性认知"对象"的"持续关注"或"功能依赖"状态的保持能力。德性意志是德性主体主动地克服内部和外部障碍,为完成德性行为不断做出自觉的努力。它所表现出来的是一种积极进取的状态。德性意志品质好、境界高的人,在困难条件下,就能抵制外部的诱惑和威胁。相反,那些德性境界不高、意志品质差的人,当他们的努力没有收到成效后便会改弦更张,甚至会丧失原则,失去道德节操。近些年社会上出现很多腐败、堕落的犯罪官员,有的就是先做好事,后做坏事。因此,德性意志决定道德行为。"人也是有自控力的,就是能自觉控制自己的意识,想什么,不想什么,克制自己的情绪和一时的冲动,并通过控制自己的意识,调节支配自己的行动。"① 道德意志是在实践活动中通过主观努力逐渐养成的。

德性信念,是对实现德性终极目标的理性认可。德性信念是德性主体对某种德性理想的坚守,以及对它的正确性始终坚信和对它的正义性有强烈的认同感,在主体履行德性义务时伴有强烈的使命感、责任感。德性的存在方式和内在价值决定了德性必然会由外在规约转化为内在自律、自觉。而德性内化之所以能得以实现,必须由德性的认知层面上升到笃定的、稳定的信念高度,才是真正的德性内化。到了具有德性信念的这个层度,人就可以为德性的养成献出生命。德性信念是深刻的德性认识,它是对所坚守的德性理想的一种反映,更是德性责任感的体现。如果社会没有正确的德性信念作为导向,那么就不可能在社会中产生具有影响力的舆论和风气。德性的力量也就无法实现唤醒人性与良知、凝聚人心。同样社会也就不可能形成人人期望的良好的道德风貌,整个社会道德危机也会层出不穷。

德性行为,就是指符合真善美标准和事物存在变化规律的实践活动。德性行为是德性主体善的外部表现,是德性主体在外部行动上体现出来的对他人、对社会的积极反应。它的呈现有赖于在德性认识、德性情感、德

---

① 桑志达:《略论主体的自我意识》,《福建论坛》(文史哲版)1985年第5期。

性意志和德性信念的协同作用。知、情、意、信，最终的目的是德行，而行一旦完成了目标，必将又要建立起新的知、情、意、信。因此，在德性养成的过程中，要系统地发挥知、情、意、信各个要素的作用，以促进德性主体的全面的和谐发展。

3. 德性养成的社会化过程

德性的养成是一个极为复杂的社会化的过程。首先是个人的德性在实现自我的同时，促进了社会德性的进步和发展。人是社会中的人。其次，人要生存就要进行生活实践，实践就会结成人与人之间的利益关系，在这种关系的维系中，社会的道德要求规范就要内化于人的德性，使人的德性合乎社会道德标准，人就是在实践中不断进行社会化的过程。最后，人生价值的实现，是在社会理想实现基础上才能完成的。

随着市场经济的发展，德性的社会性的特征也就越来越明显，公德性的边界日益在扩大，德性的社会价值领域在延伸，德性社会价值的重点也日趋明朗，而主要体现在社会角色的责任、社会文明的发展和社会的稳定等诸多方面。

人的本质是一切社会关系的总和，道德作为一种最广泛和最普遍的人与人之间的关系，同样也是社会关系的重要组成部分。它从一个侧面、一个层次上反映和确证着人的本质。人是不能没有德性的。德性能帮助人更好地认识社会现实，调节人我关系、群己关系，激励人不断向上，使人能够得到自由的、全面的、和谐的发展。

第一章　德性生成的文化阐释

德性是文化的重要组成部分，人的德性生存于文化之中。所以，一方面德性的存在必须以文化世界的存在为依托。文化着眼于人的求真、向善、爱美的素质以及人格的培育、塑造、提高和发展。换言之，文化着眼于人的自由而全面的发展。另一方面，文化的基本功能在于塑造全面发展的个人，文化价值的实现意味着具有高度主体性的、完美健全的个性的自我实现，意味着人的生活品质的提高和生命内涵的充实发展。文化塑造人，使人成为社会的人。

"人是文化的存在。""人在自己长期的历史实践中形成了自己的文化，而文化一旦形成就成为一种具有客观力量的模具和生存环境，规定着社会成员中的思维方式、价值观念、情感情绪、社会活动、人格特征以及社会结构和历史发展。"[①]

马克思说："人们自己创造自己的历史，但是他们并不是随心所欲地创造，并不是在他们自己选定的条件下创造，而是在直接碰到的、既定的、从过去继承下来的条件下创造。"[②] 文化是一定历史条件的产物，是人在实践中创造的产物。

人创造了文化，文化帮助人完成了自己本质的实现，在这个过程中人一刻也没离开过文化。

一、德性养成研究的理论积淀

东西方不同的文化孕育了不同的德性。可以说由于文化背景的不同德性呈现出不同的形式，但又具有本质的联系，具有差异性与本质性的统

---

① 刘进田：《文化哲学导论》，法律出版社1999年版，第394页。
② 《马克思恩格斯全集》第1卷，人民出版社1956年版，第603页。

一。由于德性是人的本质的内在规定,在东西文化积淀下,人类会有共同具有的普遍性的德性。东西方不同的文化滋养着各民族的德性,优秀的、至善的德性一定是人类德性养成的目标和方向。

(一) 中西方关于德性养成的文化阐释

1. 德性养成的中国文化传统

中华民族两千多年来的德性文化,有着十分厚重的文化传统积淀,它产生于中华民族的历代生活、生产实践之中。个体德性随着社会的进步,不断发展,具有中国特色的文化,孕育了中华民族的优秀道德品质,如爱国家、敬岗爱业、见义勇为、尊老爱幼等美德一代一代相传。经过数千年历史演变和文化传承,已深深地融进中华民族的传统之中,渗透到对人生价值意义的追寻中。

(1) 慎独内省

慎独是一个哲学范畴,是我国古代儒家创造出来的具有我国民族特色的自我修身方法。慎独是中华民族儒家理想人格的理念,是德性发展中对德性内容的丰富和发展,形成了我国具有中国特色的道德资源。这些成为我们民族灵魂和性格,形成了慎独内省的文化传统。

慎独是指一个人独处时也要谨慎行事,严于律己。要比有人约束时做得更好。"在独处无人注意时,自己的行为也要谨慎不苟"(《辞海》),或"在独处时能谨慎不苟"(《辞源》)。"慎独"最先见于《礼记·中庸》:"道也者不可须臾离也,可离非道也。是故君子戒慎乎其所不睹,恐惧乎其所不闻。莫见乎隐,莫显乎微,故君子慎其独也。"这里强调的"道"不可须臾离之意,是"慎独"得以成立的理论根据。谨慎地对待自己的所思所行,防止有违道德的欲念和行为发生,从而使道义时时刻刻伴随主体之身。

"内省"的方法最先见于孔子。孔子认为不论道德认识或是道德实践,都需要有主观积极的思想活动,称之为内省。他说:"吾日三省吾身,为人谋而不忠乎?与朋友交而不信乎?传不习乎?"[①] 内省并不是闭门思过,而是就日常所做的事,进行自我思想检查,看其是否合乎道德规范。内省

---

① 毛子水:《论语今注今译》,中国文史出版社1990年版,第4页。

第一章 德性生成的文化阐释

依靠的是自觉,不自觉也就难以真正进行自我反省。

孔子提出:"克己复礼为仁。一日克己复礼,天下归仁焉。"①《礼记·中庸》中写道:"君子戒慎乎其所不睹,恐惧乎其所不闻。莫见乎隐,莫显乎微,故君子慎其独也。"②

另外,孔子还提出:"见贤思齐焉,见不贤而内自省也。"③ 他认为,完美人性就存在于主体自身中,内求可成,应该通过这种方式,使自己的行为符合道德要求。这是我们今天进行德性培养与教育的基本的文化依托。

(2)注重孝道

孝道在中国最早的著作《尔雅》中定义为"善事父母为孝"。它体现着晚辈对长辈的一种孝敬和美德。这种美德从古至今,一直在我们的生活中被提倡与赞美。一个人如果能对他人、集体、社会充满爱的情感并敢于承担起责任,那么他首先能做到的必定是对父母、家庭、亲人甚至自己负责任,并且甘愿为此牺牲一切以不断注入爱的情感。

孝道在传统文化中的精神是以家庭的功能、强调人们的家庭责任感中体现出来的。尤其是对于注重家庭关系的传统中国社会来说更是重视孝道的培养。使孝道成为一种人人自觉、自愿的行动,而不是为了做给外界看的一种行动。所以,在今天的德性养成中,我们需要对伦理文化做出深层的反思,使孝道达到修德养性的目的。中国传统的孝道文化发展的历史悠久,为我们进一步提升德性的修养建筑了一个宽广的平台。

(3)文化自觉

马克思曾经论述,人是可以按照物的尺度和人的内在尺度来进行实践创造的,可以把内在尺度运用到对象上去。德性以人格形式反映个人整体的内在精神尺度。它会以社会和群体的道德要求自己,形成自觉的实践行为,建构起自觉文化。也就是说,人对自己的文化有自知之明和充分认识。

当一个人经历了自觉地将社会道德要求内化为自身的道德品质的过

---

① 毛子水:《论语今注今译》,中国文史出版社1990年版,第116页。
② 周中之:《伦理学》,人民出版社2004年版,第492—493页。
③ 崔高维:《礼记》,辽宁教育出版社2000年版,第186页。

程，他（她）就完成了一个个体的道德自律过程。这实质也是一个人提升自己道德品格的实践过程。同时在这一过程中又表现出了一个人的创造性以及一个人对道德规范的自觉性，而这种自觉性就是体现在我们生活中实践当中。

自古以来，我们中华民族培育出了一位又一位家喻户晓的仁人志士，靠的就是自觉性。今天，我们在传承中华民族优秀的传统美德的同时，也需要这种自觉性。我们要自觉地传承民族传统，自觉地将传统文化中的德性文化与现代社会的发展相融合，并且保持二者发展的一致性，这样才能实现在生活中自觉实现德性文化。

人所创造的文化世界作为后天的生存方式，它的目的是为了弥补人的先天不足。"社会作为扩大了个人能力和自我协调机制，对于个人而言是一种强制力量。为了扩大个人能力，个人首先必须放弃个人的自我满足，在社会能力机制中承担角色和义务。"①

中国的德性文化发展远远领先于世界上其他的国家。西方的学者汤比因曾说过21世纪应该是中国的文化领导世界，如若不然，按照西方文化的这种发展趋势，必将造成人类的自相残杀。只有中国的"仁、义、礼、智、信"这套伦理观才能挽救世界。我们可以看出中国的优秀传统文化滋养和发展了德性，为世界文化的发展做出了贡献。

2. 西方关于德性养成的文化学说

中西方的历史发展与语言自然环境的不同，使生活习惯、思考问题的方式等很多方面存在很大的差异性。我国著名哲学家冯友兰先生把中西方的文化差异进行了高度的概括：中国文化是一种"德性"文化，西方是一种"智性"文化。

西方是一种"智性"文化，与中国的文化不一样，西方的文化特别注重理性思维的培养。可以说，中西方文化最主要的差异体现在文化精神方面。

（1）三种文化的有机融合

西方人对希腊、罗马、基督教这三种出现在三个不同历史时期的文化不断地进行融会贯通，终于形成了今天西方文化中勇于超越、敢于创新的

---

① 邴正：《当代人与文化》，吉林教育出版社1998年版，第194页。

精神。"西方文化,至少可以说有三种传统:一种是希腊的,一种是罗马的,一种是基督教的。"① 所以说,在这个多民族、多元性的文化融会贯通的过程中,不仅形成了西方文化中追求自由与个性发展的文化,而且为西方的科学精神奠定了深厚的基础。这也就是冯友兰先生所说的西方是一种"智性"文化。

西方的文化在精神层面被认为是"以知识为根本,以理性为工具,以个人为本位,以追求自我、超越非我实现超我为宗旨,从和谐中追求不和谐,以征服自然,改造自然为特性的竞进型文化"。② 即以"理"为中心,注重思想的解放与不受外来的束缚。这点主要有三个特征:理性精神——承认客观世界可以被认识,反对迷信,提倡科学的精神;执著精神——不畏惧传统和权威;具有怀疑的精神,敢于批判不合理的观念。

(2) 个人利益的追求

在西方,提倡对物质利益的合理追求。追求个人的幸福和自由,实现自己的利益最大化,是被看作理所应当的。"在不损害他人的前提下,每个人都坚定地维护自己的个人利益。"③

"一个人越是努力并且越能够寻求他自己的利益或保持他自己的存在,则他(她)便更具有德性;反之,只要一个人忽略他(她)自己的利益或忽略他(她)自己的存在的保持,则他(她)便算是软弱无能。"④ "西方人要自己思考,自己做决定,并且用自己的双手以自己的能力开辟自己的前途。"⑤ 他们张扬个性,鼓励子女独立生活,在西方人看来,个人与家庭之间只是保持一段暂时的近距离,子女与家庭的关系不受任何约束。⑥

(二) 马克思主义关于德性养成的论述

马克思主义认为,人的本质是一切社会关系的总和。德性体现了人的社会性,是人的社会存在的体现。从本体论的角度看,德性的整体性体现

---

① 赵林:《谈文明冲突与文化演进》,东方出版社2006年版,第54页。
② 李四军:《智性文化与德性文化》,载《西北美术》1998年第2期。
③ 徐行言:《中西文化比较》,北京大学出版社2004年版,第86页。
④ 周辅成:《西方伦理学名著选辑》(下卷),商印书馆1987年版,第631页。
⑤ 许烺光:《宗族、种族、俱乐部》,华夏出版社1990年版,第3页。
⑥ 马璇:《"德性"与"智性"的对话》,《山东大学理工学报》2011年第1期。

在它标志着一个人存在的意义,揭示了一个人的人生价值取向,是一个人的精神面貌的体现。它以人格为表现形式,统摄和制约着个人的日常存在。

德性,在广泛意义上就是指品德,是指受教育者通过社会生活实践及学习活动,掌握一定社会的思想、政治、法纪、道德、人生哲理等社会意识形态,形成的稳固的心理倾向和行为特征,是人的社会本质的表现。

关于德性,马克思在《关于费尔巴哈的提纲》中说:"人的本质不是单个人所固有的抽象物,在其现实性上,它是一切社会关系的总和。"① 我们可以理解为:人的本质是现实的、具体的;是由社会关系决定的;总和不是简单的相加,而是一个辩证统一体;人的本质随历史的发展而发展。

1. 历史的实在性

马克思用了"世界历史"的概念,这种世界历史的形成不仅仅是物质上的,它有更深刻的精神文化内涵:"物质的生产是如此,精神的生产也是如此。各民族的精神产品成了公共的财产。民族的片面性和局限性日益成为不可能,于是由许多种民族的和地方的文学形成了一种世界的文学。"②

德性是具体的、历史的。人是社会中的人,在人类发展的历史上,德性在各个历史时期都是以具体的人格展现在社会中。德性向善的一面,总要追求优良的传统、高尚的精神,但是要受到物质条件的制约和束缚。因此,德性的发展根基要依赖于物质关系,要依赖于当时具体的历史环境和背景。

恩格斯曾经说过:"人们自觉或不自觉地,归根到底总是从他们阶级地位所依据的实际关系中——从他们进行生产和交换的经济关系中,吸取自己的道德观念。"③ 可以说,德性是与时俱进的,不可能一成不变,在什么样的社会道德要求下,就会有什么样的德性与之相适应。德性是历史与社会的产物。

---

① 《马克思恩格斯选集》第1卷,人民教育出版社1995年版,第73页。
② 《马克思恩格斯选集》第1卷,人民出版社1995年版,第276页。
③ 《马克思恩格斯选集》第1卷,人民出版社1995年版,第60页。

第一章 德性生成的文化阐释

2. 经济制约性

经济关系决定德性观念。经济关系对德性的影响与制约表现在各个方面。经济是社会生活与发展的根基，经济基础决定上层建筑，影响着人们对物质的需要。所以，德性的产生发展源于经济关系。

人在行为实践中，结成各种利益关系，利益是经济影响德性的重要环节。个人利益、阶级利益、民族利益、国家利益的不同，形成了不同的德性。也可以这样认为：经济关系的不同影响对利益追求的不同，从而成就了不同的德性。

德性深深地植根于社会经济关系中，经济关系的性质决定了德性的历史类型。社会的经济关系影响到德性，决定了人们必然要产生一定的道德关系、道德观念和道德类型。同时，德性的内容是一定社会经济关系的反映。经济关系的首要表现则是利益关系，故而经济利益决定德性体系的基本内容。经济关系决定着人们的活动方式和生活方式。德性的变化源于经济关系的变化，经济关系的变化引起德性的变化。

3. 群体的阶级性

"道德始终是阶级的道德。"① 每一种利益都与道德相关，阶级利益决定道德的本质。经济关系决定德性观念。阶级利益决定着道德的风貌。不同的利益关系决定着每个人具有不同的价值观、人生理想，当我们提及某个人的德性时会打上这个人所处时代的烙印；当我们提到某一社会的德性时，一定是带有这个社会群体的阶级性。

但是，无论是哪个个人或是群体的德性，不管处于什么历史阶段，善都是德性的内在要求，对善的追求都成为德性的内在动力。

马克思在阐述人的本质时，加上了限定性用语"在现实性上"，其实是指人的本质的历史性。在不同的历史时期，人的存在方式，或者说生活方式是不同的。特定时期的存在方式就是那个时期的本质。基于那个特定时期人们自我的认识而去生活，这便是人的存在方式。人怎样自我认识，也就怎样生活。中世纪时期人们认为自己是上帝的创造物，人们活着就是为了向上帝忏悔，求得救赎，以便在来世升入天堂。中世纪时人们认为自己的本质就是上帝的创造物，是一种带有原罪的存在。中世纪结束以后，

---

① [德] 恩格斯：《反杜林论》，人民出版社 1970 年版，第 91 页。

人们认为上帝不存在了,人是理性的存在,理性是人的本质,于是理性支配了人的生活。

在资本主义工业大生产的时代,人们普遍地物化了,认为活着就是为了追求金钱、财富和享受,所以在资本主义的早期是笑贫不笑娼。而在无产阶级革命的时代,革命的浪漫主义支配了人们,为了革命的理想而去献身就成了革命者存在的方式。我们站在今天这个历史时期回头看过去人们的存在方式,进一步讲,去看他们对人类本质的认识,就自然发现他们带有片面性,甚至现在一个普通的知识分子都能指出历史上许多天才人物的缺点和遗憾。这说明了时代的进步,从而表明人的确没有永恒的本质。

4. 人的本质性

德性的形成以人性为基础。马克思主义从两方面说明了人性与动物的本质区别体现在人性、在于劳动。强调了劳动者作为生产要素在生产力中的位置。人总是要生活在一定的社会当中,要参加生产实践和生活实践,不能游离于社会而存在。个体的德性要服务于社会群体的德性,因此,社会性是人的本质属性。

人的生存具有了有意识的自为性,人的自为的生存的过程也就是创造自我本质的过程。最关键的是,人的本质不是永恒的,它永远处于生成过程中,而且生成的源泉与动力在于人自身。人虽然同动物一样,感性的肉体也来源于自然界,但人之为人,最根本的则在于自为性即自我创造。所以马克思说人有内在的生存尺度,并且还以任何物种的尺度去生存。人的生存具有了有意识的自为性,人的自为的生存的过程也就是创造自我本质的过程。

(三) 德性养成的文化哲学视域

德性养成离不开物质文化、制度文化、精神文化的滋养。同时德性养成与发展也要受到文化环境的制约。德性的文化哲学阐释指:德性是内化于人的精神性存在的稳定状态,是主体对自身价值与意义实现的一种体验状态。

1. 德性养成的物质文化条件

物质文化是"满足人的基本生存需要的那些文化产品,其基本功能是维持个体的生命再生产和社会的再生产"。① 物质文化一般分为生产力、生产关系两个层次,它是人类的生存和德性生长的第一条件。

由于生产力在社会发展进程中表现出高低不同的水平,就会产生出不同的德性。在生产力水平低下时,人的发展途径表现为社会规范对自然性的控制和引导,自我修养也主要是对自然欲望的限定,表现为对自然的敬畏;生产力水平逐渐提高后,人的发展就演变为自然性的解放,在自然的本质充分发展的条件下实现人的社会本质的发展,表现为对人生意义的追求、理想人格的实现。道德也由规范阶段过渡到德性阶段。道德目标由规范的约束转向内在的人的德性的发展,社会的道德要求和规范成为实现人生价值的外在规定,成为人的全面发展的条件。

物质文化提供德性养成的基础条件,德性的目标、内容和形式、历史类型在物质文化所提供的可能性范围内,具有非常大的弹性和选择余地。在一定社会阶段和一定地域形成的文化模式中,物质文化构成德性的必然性基础。因为它产生于人类的实践活动,是人类活动的重要组成部分。

2. 德性养成的制度文化保障

制度文化是人类在生产活动中制定的行为和关系规范的总称。它使德性带有深深的社会性,是人类社会得以成为社会的根本保证。② 制度文化对德性的形成起着至关重要的作用。

在物质文化限定的可能性框架内,制度文化具有决定性意义。德性需要社会制度系统的支持的根源,德性养成的根本力量来自于社会制度的支持,制度文化体现一种集体主体性,经过整个个体力量可以达到个体不可能达到的社会总体道德目标。实际上宏观制度的总体价值取向是制度文化对德性建构力量的最根本体现。

制度文化使德性在养成过程中有了必要的保障,人在社会生活中必须遵守制度文化的约束。在一定的历史时期制度文化提供了德性内容中的可行与不行的标准。

3. 德性养成的精神文化动力

精神文化是人与动物的本质区别。理性、哲学、宗教、艺术是精神文

---

① 衣俊卿:《文化哲学》,云南人民出版社 2001 年版,第 73 页。
② 刘进田:《文化哲学导论》,法律出版社 1999 年版,第 394 页。

化的形式。人的理性力量通过知识与价值系统构成德性养成的精神文化机制。精神文化由两部分组成：知识系统与价值系统。

人的道德养成如何才能获得知识与价值呢？是通过文化传播完成的。精神文化通过文化传播途径才能转化为个体社会性的一部分，内化为人的理性品质，使其成长为拥有丰富知识和健全价值观念的个体。精神文化的内容内化为人的理性，也必须通过文化传播的途径。

人具有对于文化的创造性与选择性，即对于文化的主体性，但人的文化主体性首先源于个体的文化学习和知识的获得。文化传播是个体文化学习的前提，精神文化的内容与精神文化内容的传播相结合，构成完整的德性养成的精神文化途径。

物质文化提供德性养成的条件；制度文化是它的构成支架；精神文化则构成意识形态，一定阶段的国家或民族最终能够建构起何种德性体系，离不开这三种文化的相互作用。

二、德性的主体文化构成

人的本质自我生成和创造，并不以纯粹自然的方式表现出来，它是以文化的方式表现出来的。人们只有借助于文化，才能感受到这个自我生成的过程。文化就是人的本质的生成的外显。以辩证唯物主义常用的说法就是，人的本质的生成是内容，文化则是这一内容的形式。形式与内容永远是统一的，离开了一方，另一方则无从把握。所以人的本质的生成是根，文化的超越性则是果。人的本质的生成性是文化超越性的源泉与动力。如果不了解这一点，势必把文化的超越性理解为一种神秘的实体。

文化的人类本质表明，人的超越生命的本质，即人的真正本质蕴含在文化中：真正的文化在其本质上是"人文化成"的全部活动及其产物的本质在于创造人性的活动。这种活动要求与理想就是文化的文明精神。文化的本质以其人性完善、人类发展的创造性，决定着文化的追求与理想。因此，对文化的需求，实质上是对文化本质的人性内涵与创造性实质的要求。作为文化活动的准则，为文化与人类的发展明确了标准、方向和目的。同时，也为文化问题、人的问题在现实中获得合理的解决提供可遵循的原则、方法和途径。①

（一）真、善、美的构成要素

我们将德性的要素归纳为真、善、美的统合。人对精神世界的追求要高于对物质生活的追求。因为精神生活和物质生活构成了人的生活世界，精神生活的价值来自德性本身，物质生活的价值来自德性满足人的生存需要。

1. 精神生活价值的目标

真、善、美三个方面是人的德性发展的方向和追求的目标。张岱年指出："精神生活具有高于物质生活的价值。物质生活即满足物质需要的生活。精神生活即追求真、善、美的生活。"② 人的精神生活就是对真善美的不懈追求，是人对客观世界的客观的、真实的、正确的、理性的把握与理解。亚里士多德说："不论就实体而论，还是就其所是的原理而论，德性就是中间性，中庸是最高的善和极端的美。"③ 真，是指事物的本质，是对事物存在与变化规律的认同。善，是对整体观下个体与个体、个体与整体和谐存在、和谐发展的关系的认同。美，是对事物真和善的特质在外部表现的主观评价。德性的内涵是真善美，真善美是德性的标准。真善美是辨别事物好坏的标准，也就是说，德性或者德行是区分事物好坏的标准。当人的理念和行为符合德性或德行标准的时候，就意味着这个人说的想的做的是对的。

2. 德性发展的方向

德性是人们从真善美的角度来解读的，反映了人的德性发展的方向。张岱年认为："工具是为达到一定目的而使用的。人生之所求不仅是新的工具，而是要达到一定的目的。真、善、美就是人类在生活上所追求的最高目的。"④ 换句话也可以说是最高标准，只有实现这个标准才能最大化地

---

① 高海清、胡海波、贺来：《人的"类生命"与"类哲学"》，吉林人民出版社1998年版，第407页。
② 张岱年：《中国伦理思想研究》，江苏教育出版社2005年版，第17页。
③ ［古希腊］亚里士多德：《尼各马科伦理学》，中国社会科学出版社1999年版，第36页。
④ 张岱年：《文化与价值》，新华出版社2004年版，第24页。

满足个体和群体的存在与发展。德性的不断完善，决定人对生活的追求不会仅仅停留在感官物质层面，而是对精神世界真善美的向往与追求。

3. 客观规律的本真探求

真，不仅是认识问题，同时也是道德问题。求真是德性本身的需要。求真就是认识客观规律、把握客观规律、按照客观规律做事。求真就是一个探求客观规律本真的过程。求真也是德性本身内在所要求和必须具备的基本品格。

"我们必须把真实看得高于一切。"① 只有这样才能获得个体或群体利益在整体中的最大化。真所反映的是人的主观世界对客观事物必然性认识和把握相符合的程度和状态。越相符，就越接近真。比如诚实、说真话是伦理学意义上的真，没有对真理的热爱，就不会有对真理的需求。追求真理是一种获取最佳生存状态的智慧，坚持真理是获取整体和个体最佳生存状态的勇敢选择。向"那些眼睛盯着真理的人"② 学习，勇于坚持真理是一种美德，是群体和个体生存的救星。

另外，科学文化知识教人求真，更重要的是通过学习文化理论，培养学生探索科学和改造自然与社会的求真的思想和意志。维克多·埃尔认为："智力教育不单纯是获取有用的学问和积累知识，即使是科学的知识。按照《百科全书》的观念，智力教育旨在发展哲学思想并使之内心化。"③ 在我看来，这种教育才是人类的高等教育，教知识有提高思想境界的责任，境界提升了，人才更高尚。学习知识不是人类学习的最终目的，而是要辨认客观事实，发现客观规律，进而形成认识和改造世界的能力。

4. 德性完善的起点

善作为责任的选择，它反映出事物应该具有的真实状态与人的理性行为相符合的程度。善是以人的理性为前提的。理性是以群体和个体，个体与个体，个体、群体与整体的最佳存在为条件的。对善的追求，就是个体发展和社会群体发展与整体环境相一致的共同进步的历程。

---

① 《柏拉图全集》，王晓朝译，人民出版社2003年版，第351页。
② [古希腊] 柏拉图：《理想国》，郭斌和译，商务印书馆1986年版，第475页。
③ [法] 维克多·埃尔：《文化概念》，康新文、晓文译，上海人民出版社1988年版，第60页。

第一章 德性生成的文化阐释

至善是德性的理想目标。陈根法指出:"善是个体道德价值的基础,也是德性价值的基础。"① 个体离开了对善的追求,就意味着危险的产生。对善的认识是德性理想目标的起点,也是人的群体生存心理的需要和基础。但是停留在对善的理解和认识的层次是不够的,还要具备对整体的认识与把握,才能具有向善的能力和方法。

善最终要通过行为表现来体现,这样善才能够达到德性的内在规定与要求,才能达到德性要求的至善和完美。"一切道德思辨的目的都是教给我们以我们的义务,并通过对于恶行的丑和德性的美的适当描绘而培养我们以相应的习惯,使我们规避前者、接受后者。"②

5. 实践中美的创造

美,不仅是随着社会的进步不断提升的一种主观上的审美认同,同时又有客观上的美的体现。"美不仅是劳动的产物,它还是人类整个社会实践的产物,美随着社会发展而发展。"③ 体验美的过程就是人的审美认同和美的实践相统一的过程。

美,只有放到行为实践活动中来检验,才能揭示美的本质和价值。"美属于人,美源于实践,美光耀的是人之为人的意义世界,美显现的是人的本原创生意义、人的实践超越意义。"④ 关于美,人们往往从审美角度去思考、审视,然而这不能完全展现美的意义。人的本质力量总是在实践活动中表现出来。人的个性之美也在实践活动中展现出光彩。"美只有在人类的实践活动中才能真正被发现、被创造。在人类发现美、创造美的过程中,劳动起着关键的作用。"⑤ 因此,我们可以这样说,人类的劳动实践是美的载体。自然的美和人的社会实践之美具有本体论的意义。

从真、善、美三个维度对德性内涵进行总结,有些个别内涵可能不会完全贴切,但从总体上讲,这样一个归类正如狄德罗所说:"真、善、美

---

① 陈根法:《德性论》,上海人民出版社2004年版,第11页。
② [英]休谟:《道德原则研究》,曾晓平译,商务印书馆2001年版,第167页。
③ 许自强:《美学基础》,首都经济贸易大学出版社2003年版,第35页。
④ 陶伯华:《美学前沿——实践本体论美学新视野》,中国人民大学出版社2003年版,第34页。
⑤ 陶伯华:《美学前沿——实践本体论美学新视野》,中国人民大学出版社2003年版,第35页。

是些十分相近的品质。"① 这种"相近"使它们统归于德性整体是合理的。因此我们可以将复杂的德性本质内涵,用真、善、美的德目统领起来,即德性就是真、善、美的统合。这种选择能否被认同,还需要心灵上的沟通。

(二) 知、情、意的结构功能

德性的实现是一个极为复杂的社会化过程,它表现为人的心理因素如情感、需要、意志、观念、行为等的相互作用,体现人的心理的知、情、意的结构和功能,而且也是一个复杂的生理心理变化过程。任何情感变化都将影响其生理变化,这是生理的应激性决定的。与认知、认同、内化、外化等多个环节,以及接受、体验、实践、转化等多个步骤相关联,不是孤立存在的。

1. 德性构成的心理结构

作为占有一定人格的德性,与一般人格的形成一样具有自己的内在心理构成。德性具有结构性。从一般的人格结构来看,主要由认知因素、情感因素和意志因素构成。

研究我国古代的伦理思想史,很多人对德性的认识都是将其与人的"心性"联系起来进行探讨的,由于时代的局限,对人的心理功能的认知有一定的局限性或表述的不能理解性。

孔孟的"正心说"、宋明理学的"心统性情说",以及陆象山、王阳明简化了程朱理学之后阐述的"心即理""心外无理"等思想,始终都没有把人的德性的真正心理结构清晰地建构和表达出来。陆王心学一直探寻道德之内在机理,却始终摆脱不了道学的束缚。包括朱熹在内的古代伦理学家在研究探讨德性心理结构的过程中,都没有准确把握德性行为产生的认知、情感和意志的结构图式。

这种情况延续到了当代,我国在对德性养成的研究过程中,人的道德结构的社会状态和心理状态仍相分离。随着现代生理学和心理科学的发展,才彻底揭开了人脑的内部结构谜团,我们对道德的心理结构的认识才走上新的阶段。

---

① 中国社会科学院文学研究所编:《文艺理论译丛》,知识产权出版社1958年版。

第一章 德性生成的文化阐释

德性的内在结构就是人对真善美反应留下的生理"痕迹",是生理功能与客观世界相一致的和谐的反映。心理影响生理,生理决定心理,心理对生理的影响随着生命的结束而停止,这就是心理与生理改变的关系。

2. 德性生成的心理基础

德知是指德性的认知或德性知识,一般指道德理论、道德原则和道德规范等认识范畴的内容。它是生成德性主体的基础,是对"善"的认知。德知往往要与德性、德行相区别,当代伦理学认为,德性的心理建构应以个体的道德内化为基础。而必要的道德观念是个体德性内化的前提。

一个人的德性心理反应,首先是从德性的认知开始的。从德性心理的发生认识的角度看,尽管人的认知最初可能不具有道德的属性,但因感性的德性认知直觉和德性经验性认知的倾向,可能使原有的非德性认知向德性认知转化。

任何个体的德性观念都必须以认知和积累一定的道德知识、理论为条件。德知是德性的基础和前提。在如何获取德知的过程中,个体的德性需要值得重视。人的一切实践行为的发生都是源于自身的内在需要,社会学和相关理论认为,如果德性本身没有对德知的需求,德性的形成也就丧失存在的根本,就没有个体进行德性认知活动的主动性和积极性。

3. 德性的外化

德性行为即"德行",也称为"实践性德性",是德性的外化。德性在转化为德行时才具有实际意义和价值。

在德性向德行的转化过程中,是理论化德性的外在标志,是道德实践的德性外化为德行的方式,内在的德性在外化为现实的良好的德行时,才会对现实的道德世界产生积极的影响和实际的意义。否则,德性对现实没有意义可言。德性的内在本质,其主观内隐的特性,无法直接验证它的存在与否。只有转化为德行时,才能实现它的可检性。实践是内在转化为外在的唯一手段和唯一方式。

4. 德性的实现的递进过程

知、情、意共同决定着人的精神形态。当这三方面的因素具有道德意义时,就表现为人的德性。也就是说,在德性实践中,德性认知具有关于善恶的理性分析能力;情感具有对善的认同倾向;从意志方面看,人具有向善的意志力。正是从这三方面构成了一个人精神结构整体的德性。这种包含向善定势的精神结构正是道德实践的灵魂。当然德性总是与具体的个人、社会、历史相联系的。德性的发展也是一直处于一个生成、发展的过程之中。

个体的内部转化机制说明，从德性的德知的建立，到德行的实践，需要经历长期而复杂的过程。只有重视、发展个体的德性内在需要，而不是个体被动、单一接受外界影响和灌输，积极培养德性认知、德性情感，德性实践能力，不脱离外部环境影响，才会使个体真正具有较高的德性素养。

人的德性的本质要素，是以人的内在的认知、情感和意志水平的结构形式存在、发展和使用着的。作为一种心理素质，道德的三维结构内容相互作用又各成体系。

（三）工具理性与价值理性的统一

价值理性和工具理性是法兰克福学派批判理论中的一个重要概念，其最直接、最重要的渊源是德国社会学家马克斯·韦伯所提出的概念。

工具理性又叫"功效理性"或者"效率理性"，就是通过实践的途径确认工具的有用性，从而追求事物的最大功效，为人的某种功利的实现服务。工具理性是通过精确计算功利的方法最有效达到目的的理性，是一种以工具崇拜和技术主义为生存目标的价值观。

价值理性也称实质理性，是行为人注重行为本身所能代表的价值，即是否实现社会的公平、正义、忠诚、荣誉等，甚至不计较手段和后果，不看重所选择行为的结果。它所关注的是从某些具有实质的、特定的价值理念的角度来看行为的合理性。社会主义的价值追求是价值理性最突出的代表。

1. 价值理性的本质

价值理性从人本身出发，关注着社会的进步和发展。追求人类理想目标与人生意义。在人的现代生活中，工具理性的异化，已经使人们越来越需要精神支柱，需要价值理性的精神动力。在特定的条件下，工具理性需要价值理性的保驾护航。

当前在物欲横流和人的贪欲膨胀的时候，高学历、高官、高科技犯罪频频发生。对工具理性的过度追求，无暇顾及德性的精神价值，工具理性

第一章 德性生成的文化阐释

就迷失方向。

认识和把握人类自身活动的规律，是人们永不停息地进行研究的课题。对客观世界的改造和认识也是一个永无止境的过程。在市场经济快速发展的今天，对科学技术的要求越来越高。最大限度的创新、改革，提高劳动生产率，提高科技创新、管理创新手段，这些要求唤起人的主观能动性和积极性，坚定理想和信念，加强道德建设，重新规划人生目标，确定正确人生观、价值观。价值理性帮助人们对价值问题做出正确选择。在德性养成中关注人的最终归宿与全面发展，从中可以看出价值理性对工具理性的主导作用。

2. 工具理性的现实属性

工具理性是价值理性的基础。离开工具理性的价值理性，价值理性的实现就是水中捞月。在资本主义工业时代，工具理性带来了科技的进步、工具的改良、劳动生产率的提高、追求事物的最大功效等，提高了人们的生活水平、满足了人对物质的需要，给人们对价值理性的追求提供了物质基础。人对自然的征服，极大地提高了人们改造自然的信心，对未来充满了憧憬，工具理性作为发展手段，使得价值理性有了存在的基础。使人在社会生活中，有能力去思考人生的意义，对人自身的发展和人生价值有了更深刻的认识与理解。

但是，不能片面地夸大工具理性的作用，否则，就会走向极端。"现代精神变得越来越精于算计……将整个世界变成一个算术问题，以数学公式来安置世界每一个部分。"① "统计方法是善于从理念平均值的观点出发来说明客观事实的一种方法。"② 可悲的是在这种工具理性的蔓延中人丧失了自己的个性，人们进而逐步丧失选择自己如何生活的权利。但是"人的理想不可能放弃对终极价值的探求"。③

---

① ［德］马克斯·舍勒：《价值的颠覆》，罗悌伦等译，生活·读书·新知三联书店1997年版，第161页。
② ［德］海德格尔：《存在与时间》，陈嘉映、王庆节译，生活·读书·新知三联书店1999年版，第10页。
③ 翟振明：《价值理性的恢复》，载《哲学研究》2002年第5期，第17页。

3. 价值理性和工具理性的统一

人类在生活实践中，要想生存、生活的质量有保证，就有对工具理性的内在需要，它为人类提供了征服自然的手段和工具，因此工具理性有存在的基础。它是要解决人们在生产中如何做的问题。价值理性是人类进步发展的动力，它为工具理性合目的性指明方向和价值取向。价值理性解决了人们"做什么"的问题。

因此，一个人合目的、合规律的社会实践活动的成功，即个人精神价值向社会价值的转化，取决于价值理性与工具理性的统一。二者结合所形成的合力，体现了工具理性实现主体客体化的手段价值；反映了主体在实践活动中为实现自身本质力量对象化，提供了自身所需手段的精神能动性。价值理性与工具理性的统一，不断确证"人是人的最高本质"。在德性养成的实践中表现为知行合一。

总之，"人的本质不是单个人所固有的抽象物，在其现实性上，它是一切社会关系的总和"，[①] "诗的魅力是永恒的，但万万离不得这个远不美好的俗世"。[②] 工具理性与价值理性的辩证统一，是现代人精神世界不可或缺的文化因素。

三、德性主体文化的内在生成

文化指的是一个群体或社会的信念、价值观和准则。包括习俗、认识、判断、价值观，以及适当的行为方式构成。文化也用来表示认识、知觉和行为，以意见一致的方式为某一群体的人所共有。为使一种文化得以生存，人们必须赞同有观察世界和行事的共同方式。他们共有一个意见一致的共同核心。

文化一词意味着人们把共有的信念、价值观和行为样式传授给他人，这有助于对该文化新成员进行教育使之适合社会需要，有助于一代代地保持文化延续和一致。

一个社会的价值观、信念和习俗常常出现在物和物质环境中。可以

---

① 《马克思恩格斯全集》第1卷，人民出版社1956年版，第60页。
② 《许纪霖自选集》，广西师范大学出版社1999年版，第299页。

第一章 德性生成的文化阐释

说，文化这一概念所反映的是一组多方面的事物。

德性是人文化的生成，离不开人的文化传统的积淀。人的道德意识、道德情感、道德意志都离不开人的生活世界，离不开社会与历史中道德规范的渗透与影响，更离不开弥散于人的生活实践的传统文化因素的塑造。

在现实的道德生活中习俗、规范、美德等传统道德文化因素往往通过家庭、学校、社会等途径潜移默化地融入每个人的生活实践中，德性也是源于日常生活并渗透于人的生活实践中。传统文化中人们对生存方式的理解与表达，人们的爱好、风俗、习惯等，成为日常生活中的道德文化因素，并以规范的形式逐渐影响着人们道德品质的提升，促进德性的养成。

德性的养成不仅是对习惯的理性养成，更是一种追求更高人生理想的自我修养和提升的价值理性养成，即精神境界养成。所以，德性的养成不能只是停留在日常生活层面上，它还需要一种基于文化的道德内省、反思。德性是一种人们在品质上、人格上不断升华的更高的道德自觉要求、道德情感和道德信念的建立。德性养成是个体自觉地将一定社会的道德要求规范转变为个人内在道德品质和道德信念的过程。它体现了人们内在的道德需要。

从文化与德性的关系来讲，从文化分析的视角解读文化与德性的关系，我们认为首先要认识"文化"这一术语的几个关键部分。首先，德性是文化的重要组成部分，人的德性存在于文化之中。所以，一方面德性的存在必须以文化世界的存在为依托。文化世界使德性得以生存和发展。只有在文化世界之中，德性才是人之德性。另一方面，德性作为文化的核心内容，它安排着文化世界的"秩序"。德性最根本的性质是其自觉性，而自觉性所带来的就是对价值的生成、追求、创造。

德性也是人之本性，是人性的构成成分之一。在道德领域中，德性既是一种主观意识范畴，同时也是一种行为实践范畴，是知行相统一的人的特性和规定，它促使人过着更为有意义的生活。德性是一种内在的本真，它不仅局限或者满足于观念的存在，更为重要的是它需要不断地通过实践来确证自己，并在实践过程中不断得以强化的一种品性。德性在形成的过程中，不是外在信息的单向灌输与影响，而是德性主体的内在生成过程。

（一）实践活动的内化

德性具有实践精神的特点，它是建立在实践基础上的一种价值判断。

道德对社会个体具有先在性。人一生下来并非就是一个道德个体，而只是一个自然的个体，还不是完全意义上的人，并没有什么道德意识。马克思指出："人——无论如何也是一种社会的动物。"① 所以，只要是人，一生下来就是特定社会之中的人，他就生活在特定的社会风俗和道德习惯之中。马克思主义强调实践活动对于认识发展的基础性作用，人的智力是按照其如何学会改变自然界而发展的。主体的实践活动内化为德性，并使之丰富和发展。

1. 人的社会存在

人的存在始终具有二重性，"不是单个人所固有的抽象物"。一方面，人是一个独立的自然有机体，是一个个体的存在；另一方面，人只有在社会中才能存在，也就是说，人同时又是一定社会的成员，是一定社会的存在物。人存在的二重性又决定了人的需要或利益的二重性。

人作为一种个体的存在物，有维持自己的生存和发展的需要，即人有个人利益。同时，人又作为特定社会的存在物，每个人又有维持社会共同体的存在和发展的需要，即社会共同利益。这样，人的需要或利益总是呈现为个体性和整体性的特点，这种特点决定了每个人都有一个如何处理其需要的个体性和整体性的相互关系问题，因而这也决定了道德的需要也是人的最本质的需要之一。

人既是个人的存在物，又是社会的存在物时，就可以实现人的内在统一和自身发展的需要。个人利益和社会共同利益之间虽然包含着矛盾的一面，但是道德作为调和人们之间利益关系和规范人们行为的准则，它以个人利益和社会共同利益的关系作为自己协调的对象。道德能够调整个人利益和社会共同利益的关系，使得个人与社会能够协调发展。

人与人之间在生产劳动中必然要形成一定的关系，形成人与人之间的主体和客体的关系。要生存，就要与自然进行着物质、信息、能量的交换。人与自然之间也会形成主体和客体关系。每一个人作为这另一个人所需要的对象出现时，他（她）就处于客体地位。自然是人要改造的对象，自然也就处于客体地位。人们之间的关系是平等的，是互相补充的关系。

---

① ［德］马克思：《资本论》第1卷，郭大力、王亚南译，人民出版社1953年版，第345页。

第一章 德性生成的文化阐释

由个人之间构成了多种多样的社会联系、社会关系。

在人与自然之间的主体和客体的关系中，存在着人向自然索取、利用自然满足自身需要的一面。因此人也要必须重视对自然的回馈。否则一味索取，就会受到自然的报复。人与自然之间的交往是互为主体和客体的关系。如在市场经济发展过程中，人对自然界不计后果的索取，造成对自然的过度开发，带来了污染、生态失衡、资源匮乏等现象。

可见，人作为社会的产物，作为由一定需要为动力从事一定社会实践的人，必须把道德需要、道德实践纳入他（她）的本质规定之中。

2. 人性生成的实践根据

人性自身有朝着理性方向发展的需求，这就有了德性的要求。人性是德性得以存在的土壤，但是人性绝不单纯只是善恶和所谓的理性。人性是内在多重因素的对应统一。实践是这种统一的根据。

马克思所讲的"现实性"也就是实践性。正是在人自觉的实践性活动中，人才展现了人的本性，才成为真正的人。马克思认为，人是人类历史发展的前提，也是人类历史发展的产物和结果。人类的历史首先是生产方式发展变迁的历史。伴随着生产方式的发展变化它也随之发展变化。整个人类历史都是人通过劳动而不断发展的历史。

在人类历史发展的每一个阶段上，人处在一定的历史条件下，从事生产劳动，人既要和自然发生关系，又要与他人和社会发生关系，这样形成了一定的生产方式。而生产方式决定了人性和人的本质。随着生产力的发展以及社会关系的改变，人性、人的本质也发生变化。所以人本身是自己的物质生产基础，也是他（她）进行的其他各种生产的基础。永恒的人性是不存在的，随着生产方式的变化、社会制度的变迁、社会中各种关系的变化，人性也在发生着变化。

人性都是具体的、实践的、不断生成的，在现实中没有抽象的人性。在人的实践活动中，在一定的社会关系中，人既能展开自身，同时又显示出各种存在者的存在方式，展现出丰富多彩的人的本性。因此，实践是人性内在多重因素统一的根据。只有从实践的、社会关系的视角入手来理解人性，人性才有可能是德性的起源和基础。

3. 德行实践的内化

人类以"实践—精神"的方式来把握世界的道德，其规范要求的客观规定性和社会历史性，决定了特定社会的道德规范和道德关系，对具体的、现实的个人来讲具有先在性。因此，对于个体而言，道德总是一个既定存在的客观现象。而德性的形成是要通过后天的社会实践来内化才能完成的。它预示了个体道德观念形成的后天性。

文化内在于人的德性，文化又以语言、习俗、规范、制度等形式塑造着德性，成为决定德性的重要因素。德性作为文化的核心内容，又制约着文化的发展。文化与德性是相互建构的过程。

人们在文化世界中通过对文化意义的探寻与人生价值的追求而形成德性，德性因其至善至美而规约和推动文化的发展，二者的相互建构是辩证的、动态的、相互的。而这一切都是在人的社会实践活动中形成和实现的。文化受制于经济因素、受制于人的对象性的实践活动，正是在人的社会实践活动中涵养了德性，形成了文化，也促成了文化与德性的相互建构。

4. 交往协作中德性的内化

人是社会的存在物，人和社会的不可分割性，包含着人和道德的必然联系。劳动创造了人类，同时也创造了人类社会。劳动是人为自身生存和发展的需要所驱使而进行的一种基本实践活动形式。但是人必须在相互协作的基础上完成各种生产活动，并在协作的基础上结成一定的生产关系。单个人劳动能力的弱小和人的需要的多面性，决定了人们在相互协作中维持自身的生存，同时在生产活动的过程中形成一定的生产关系及其他社会关系。德性是人在与人交往协作的过程中不断内化为自身的品质。

对价值现象、价值概念的理解必须从实践活动中去理解，从主体与客体的相互作用互动层面去把握。马克思指出：在生产中，"主体是人，客体是自然"。[①] 在人的基本实践活动中，人与人的交往形成了主客体关系。又通过生产劳动获取相应的维持自身生存和发展的物质生活资料，人又给自然打上了人的烙印，形成了主体和客体的关系。恩格斯说："只有人才给自然界打上自己的印记，因为他们不仅变更了植物和动物的位置，而且也改变了他们所居住的地方的面貌、气候，他们甚至还改变了植物和动物

---

① [法]黑格尔：《小逻辑》，贺麟译，商务印书馆1980年版，第92页。

本身,使他们活动的结果只能和地球的普遍死亡一起消失。"① 所以,只有在实践中,才能把握主体对客体的互动作用。

在物质实践基础上形成的各种交往活动都是一定社会的交往活动。可分为物质交往和精神交往。物质交往又可分为生产交往、生活交往、政治交往、精神交往等,精神交往是个人精神活动和精神交流的总和。

(二) 价值理性的确立

人区别于动物在于:人活着是追求价值和意义的,动物为了满足本能的需要而活着,无理想、无追求。人不仅是一种肉体形式的自然存在,还是一种精神性的存在。生命是人的一种生存状态。正是精神生命使肉体的生命具有了意义,成为真正意义上的人。

1. 理性实践具有合目的性

人之为人的根本,就在于人对其生命价值和意义的精神性追求。但人是有意识的动物,是为了生命的意义而存在的。人有道德的追求,道德精神作为一种实践精神寓于个体的生命中,"它表达的是个体生命存在的价值追求"。②

马克思认为理性产生于实践之中,同时也指导实践。这使得实践充满着主体的意图、目的和价值判断,使实践成为人的主体性行为,使实践活动成为人的存在方式。而正是理性的参与才使得人类的实践具有合目的性,使人"懂得按照任何一个种的尺度来进行生产,并且懂得怎样处处都把内在的尺度运用到对象上去;因此,人也按照美的规律来建造。"③

人类实践的合目的性,就要创造属于人类自身的价值世界和意义世界,这样人类理性中的价值理性就得以生成,这些通过人的社会实践实现。马克斯·韦伯指出,价值理性是人"通过有意识地对一个特定举止的——伦理的、美学的、宗教的或作任何其他阐释的——无条件的固有价

---

① 《马克思恩格斯选集》第 1 卷、第 2 卷、第 3 卷,人民出版社 1979 年版,第 273 页。
② 刘铁芳:《生命与教化》,湖南大学出版社 2004 年版,第 34 页。
③ 《马克思恩格斯全集》第 42 卷,人民出版社 1979 年版,第 97 页。

值的纯粹信仰，不管是否取得成就"。① 由此我们可以看出，价值理性表征的是人对价值的一种自觉追求。

站在马克思哲学的实践角度上看，价值是通过人的实践活动获得的，人的存在就是一种价值存在。而理性则是人的行动依据和指南。因此，可以说价值理性就是"作为主体的人在生活实践中形成的对价值及其追求的自觉意识"。② 价值理性的确立为德性的生成奠定了基础，也证明了人的价值追求中，德性形成是可能的。

人性因为对工具理性的盲目崇拜，而遭到了大自然的报复与惩罚，导致自然灾害频繁出现。另外，民族、国家之间利用科技的差异疯狂地争夺石油等矿产，影响人与自然界的和谐状态。人们夸大了工具理性的作用，使得主体性变成了统治性，人的解放变成了新的奴役。理性主义逐渐异化为工具理性的占有物，从而使人生意义的价值理性失落了。

2. 工具理性的价值观调适

人类的价值理性需要对工具性进行适当的调整。工具理性是与社会科学技术的发展水平相适应的，它讲求高效。价值理性是人们在实践中逐步养成的一种自觉意识和对自身追求。工具理性对人性的作用需要用价值理性来校正。人通过工具理性来认识和改造外部世界，体现人内在的本质力量，但是，工具理性的膨胀与放任带给人生存的灾难，因此，价值理性必须对工具理性进行调适、修正，使人类能建构起合理的价值取向，人与自然环境和谐共处。

意识对人的行为会起支配作用。生活中的各种观念、价值取向和生活方式决定着人的不同实践行为。

人类进行实践活动要坚守三个基本点：其一，人应该自觉地搞好与自然的关系。自然是人类进行所有生活实践活动的场所和基础，所以，人类要与自然界建立融洽和谐的关系。在此基础上，才有主体生存的意义与价值。人的实践活动只有适应自然，尊重其规律，才能可持续发展。其二，不同种族、国家之间要在平等的基础上对话沟通。要有利于建立人与人的

---

① [德]马克斯·韦伯：《经济与社会》（上卷），林荣远译，商务印书馆1997年版，第56页。

② 徐贵权：《论价值理性》，《南京师大学报》（社会科学版）2003年第5期，第13页。

平等关系。各种文化的存在都有其合理性，承认其他人的文化的合理性及其存在的价值，在尊重彼此的条件下，人类才有更好的沟通、交流与合作，才有更美好的前途。其三，要提升人类的精神境界。通过人文教育的途径来提升人类自身，改造人类思想世界，提升人文素养。

德性的行动是主体慎思和选择的结果，是行动者主动选择的结果。道德的德性行动者是正确的知觉者，他们在既有的情境中能正确地看到道德之所在，然后根据他们得到的这些觉察的知识去行动。任何人没有这种实践智慧能力即价值理性能力就不可能真正地拥有德性。

人的德性是理性价值与工具价值的统一。理性价值为人德性行为指导方向，为人生终级意义的追寻明确目标。价值理性是一种精神力量，它是人类所独有的，指向终极关怀，是为了提升人的价值、促进人发展和完善，突显人存在的意义。而工具价值则通过实践的途径确认工具的有用性，从而达成德性的功效。工具理性解放了人的德性，使德性真正成了人的德性。

(三) 文化修养的提升

"人或人类并不是任何时候都能成为主体的，只有在他们成为意识到的存在者和价值实现者时，才能成为价值主体。而这种意识到全部是从有意义的文化世界里获得的。"① 人的德性的形成和发展，不仅受人的生理、心理等因素的影响，而且更主要的是受文化的影响和制约。

1. 文化是德性生成的前提

人的心理发展过程包括遗传信息与文化信息的结合过程。文化历史背景成为人的德性生成和发展的不可或缺的支持性因素和基础。文化是人的本质特征，人在实践活动之中创造了文化，同时，人又利用既有文化去适应他们所生活的自然环境与社会环境，并建构起各种观念，当然也包括道德观念和道德意识。可以说，文化是德性生成和发展的关键因素和基础。

2. 文化就是"人化"

苏联著名心理学家维果茨基认为，儿童的德性发展是文化、环境、教育等因素协同作用的结果。儿童心理的发展沿着自然发展轨道和文化发展

---

① 司马云杰：《文化主体论》，山东人民出版社1992年版，第11页。

轨道两条路径展开，其中文化历史发展过程也就是心理的"人化"过程。儿童的德性的养成和发展，不仅受生物进化的规律所制约，也受文化历史发展的规律制约。

美国心理学家科尔伯格也认为，文化因素能改变道德发展的速度和广度。虽然儿童的理智发展是道德发展的必要条件，但理智发展本身并不直接导致道德发展。道德发展还需要社会性质的刺激。

法国社会学家涂尔干在谈到影响德性发展的文化和环境因素时强调：人全部生命活动的目的，就是适应这个环境，或者使环境适应他（她）的需求。

社会学习理论代表人物班杜拉认为，在文化和社会因素中，风俗习惯、文化价值观等影响，都可能对人的德性发展产生影响。文化心理学更是强调文化对人的心理和行为的决定性作用。它以文化来考察人、社会以及符号意义，在这个系统实现了心理学的文化转向。

美国学者露丝·本尼迪克特认为："一种文化就像是一个人，是思想和行为的一个或多或少的模式。每一种文化都会形成一种并不必然是其他社会形态都有的独特的意图。"[①]

国内学者的研究也表明：人的行为也受到文化的调控。不同的社会文化背景有时会影响儿童与青少年进行道德判断的原则。人的心理是在文化的影响下发展起来的，作为历史形态的文化，对人的心理活动和行为起着决定作用。同时，文化本身是一种符号，它的意义也取决于人如何去解释它、运用它。

3. 文化塑造人的心理

个人的德性意识和情感是个人德性心理的反映与表现，它是属于个人道德心理中较为高级的内容或部分。个体德性是与群体德性相对而言并相互依赖的社会道德现象。它是指作为社会德性实践主体的个人为自我发展、自我实现所应具备并适应一定社会历史要求的道德素质和道德法则的总和。就个体德性的心理构成而言，它包括个体道德认知、个体道德情感和个体道德意志三个方面。

---

① ［美］露丝·本尼迪克特：《文化模式》，王炜等译，生活·读书·新知三联书店1988年版，第48页。

第一章　德性生成的文化阐释

人的心理发展历程是以文化为中介的，是在文化、习俗的日常实践过程中发展出来的。文化和人的观念相互建构，文化参与塑造人心理的全过程。文化是人类世界的基本特征，人的世界是文化的。人的德性形成有其内部机制，但更要从人所生活的外部世界去发现决定行为的文化因素。

文化修养的提升，有助于德性的形成与稳定。人在德性形成的过程中，无法摆脱现实文化世界的各种既有的规约。当人在顺应社会时也在完成从自然人到社会人的重要转变。

现代文化人类学家多从人的文化背景解释自我形成。他们多从情境论出发，阐述不同的文化情境与个体人之间的相互作用关系，从而把自我看成是文化连续性作用中人的个性。文化类型不同，背景不同，自我的心理和行为就不一样。

4. 个体的文化修养

德性的稳定有助于个体在社会生活的各种关系中，能迅速找到自己行为的标尺，指导自身做出合适的判断与行动，减少生活在此的社会压力。

可以说提升文化修养的过程就是人适应外部世界的过程，就是完成个体社会化的过程。而文化修养的提升，同时也包括对既有文化的批判。作为主体的人，也要有独立的意识，能进行独立的判断。这对于形成个体的德性来讲也是至关重要的。德性在养成的过程中要不断剔除违背人类生存与发展基本准则的文化观念，保证自身德性的合规律性。

德性使个体的文化修养不断得到提升，意味着个体心性健康和言行得体，表现出"有教养""有礼貌"和"有风度"。随着社会文明程度不断提高，文化的发展，加上人类自觉道德意识的不断觉醒，人们化外在规范为内在品性，以人格作为社会存继的根基。以至今天，如若没有德性的看护，我们就将处在人与人都是狼的状态中；如若没有德性的看护，我们的社会将会陷入人人自危的境地；如若没有德性的看护，我们将自绝于自己创造的文明。

四、德性养成的文化场域

市场经济条件下，各个不同利益个体与群体，为了实现各自利益的最大化，需要符合市场经济的道德伦理来调节。市场经济作为一种利益驱动型和竞争型的经济形式,以承认主体利益和独立经营为前提。经营过程是主体追求自身经济利益的过程,也是实现自身社会价值的过程。市场经济要求建立严格的行为规范和伦理规范以保证其经济平稳有序发展。

市场经济伦理就是适应市场经济的需要而产生的一种文化价值。市场经济不仅仅表现为经济组织形式,也包含着文化精神、道德气质和价值品格的一种文化道德形态。作为一种具体的制度文明,它也蕴含着人们在一定社会结构与经济关系中对其存在的意义和终极价值的一种追求。

市场经济伦理精神是市场发展的必然结果。它是在市场经济的运作机制中,人们概括出适应市场经济运行的、内在的道德精神和道德品质,它反映着市场经济的基本规律与规范,同时又反作用于市场经济。市场经济尊重人的权利、自由。主体间的平等自由是市场经济运作的基础。平等的交换方式打破了传统的等级关系与等级意识。

伦理道德本质上是人类的需要与价值追求。人作为社会存在,不断地超越个人狭隘与功利,从而完善人性、提升人的境界、实现人的终极价值。市场伦理精神具有批判性、超越性和崇高的特征。它不只是停留在对利益主体的特性以及市场经济关系特性的价值认同层次上,而是要超越作为经济人功利的狭隘与市场经济本身的局限性,从而达到由经济人到道德人的全面提升。从而为调节市场经济交往中的人际关系、完善市场主体的人格提供一种特殊伦理价值的实践精神。

(一) 伦理关系及道德环境的影响

伦理具有双层含义:伦理是客观的社会关系事实;包含着应当怎样的客观要求和好坏、善恶、正邪的价值取向。一是指人与人、人与世界关系的事实;二是指这关系的规律,从这关系中引申出的秩序、法则、道理,以及应当如何的规范要求。伦理关系有家庭伦理与社会伦理。市场经济时代,伦理关系角色呈现出多样化,公民的角色成为伦理主流的伦理担当。尊重人的独立、权利、自由,保证利益主体之间的平等交换,彻底打破传统的等级观念,提出了以人为中心,重视人、强调人、解放人、为了人。

1. 伦理关系的重构

以"公民身份"为主的伦理角色担当,以核心家庭为主的家庭伦理关系建构;以"民主、平等""公正和民生"为基本理念的国家伦理憧憬;

第一章 德性生成的文化阐释

以社会与个人为重点、以人情与法理为难点的社会伦理难题之应对,是当前我国伦理关系在多样性质态、多元化展开和多变现象中呈现的主导趋势。

(1) 新伦理关系的培育

目前我国伦理关系已经表现出明显的公私分域的趋势。私人领域正在被"情感化",体现为对爱情、亲情、友情的需要。而对法律的尊重,人情与法理成为首要的伦理难点,对社会的重视、对个人权利的维护、对公正平等和自由权利的要求,则是社会公共理性开始成熟的表现。但实际生活中也存在大量的因公私不分而导致的亲情腐败和官员腐败。因此,从总的发展趋势看,公私分域的伦理关系之建构是一种体现时代精神要求的伦理关系之建构,是变化中、多样化中呈现出来的主流。它代表了时代精神的要求。新时期主要的五种伦理关系的排序是:夫妻;父母子女;上下级及同事;兄弟姐妹;朋友。

要建立一个健康有序的社会伦理秩序,不仅限于社会伦理本身要关注经济体制的建设。换言之,我们要使经济体制中的各项经济政策所隐含的伦理精神促进经济发展、促进财富增长得到合理的平衡,从而为人们的经济生活确定价值原则和行为指导思想,成为提升社会道德的重要底蕴。

(2) 德性伦理与制度伦理并重

伦理变革并不意味着对传统的抛弃,而是在传统中创新,在传统中发展。正是基于这一点的认识,我们在进行制度伦理建设的同时,关注传统德性伦理的当代意义,避免在伦理变革中走向另一极端,则应是理论和实践的要求。其实,制度伦理与德性伦理有很强的互补性。制度伦理是"硬"规则,有规则的约束力。而德性伦理是"软"规则,它更关注一个人的内在品格的培养和追求。从层次上看,制度伦理是底线伦理,而德性伦理内含终极价值的归依,是人们对幸福生活的理解,以及根据这种理解而进行不断的实践,二者的互补性十分明显。

2. 道德环境的影响

在市场运作中作为主体的人的道德素养,不仅影响着市场经济运行的秩序,而且影响着商品的质量,最终也会影响经济的发展。这就表明市场经济的健康运行不仅需要法治去规范,还需要道德去调控。

(1) 道德调控经济发展

道德为经济发展提供最为稳定的背景和环境。在经济活动中，人们往往只注意有形的经济成本，忽视无形的道德价值。究其原因，前者直接与经济效益关联。其实市场经济不仅仅是经济因素在起作用，同时也是一种价值取向的表达。从消费视角来看，这种意愿的表达十分清楚，它总是选择物美价廉的商品。而消费者对商品的价值取向即是社会的需求。所以企业生产中不能单从数量上看效益，而更要在质量上、在社会回报上看标准。在企业经济运行中，企业人员道德素养的提高，在一定条件下有助于摆脱经济活动中急功近利的短视眼光，为产品质量的提高和经济的持续发展提供精神资源，从这个意义上，我们可以知道道德是经济发展最稳定的背景和环境。

市场经济是自由经济，而自由的程度应当与责任的程度成正比。在市场经济中，一个人具有的自由空间越大，责任也越大。自由的市场经济需要法制和道德行为规范，以约束自由，限定自由的内容。正是从这个意义上说，市场经济即是责任经济。然而，从经济的宏层面来看，自由经济并非能自发地直接产生责任意识，而需要通过社会的价值倡导以对经济活动产生影响，并以此来提高经济活动主体的社会责任意识。

道德为经济活动提供信用基础。公司的信用是它的无形资产，也是公司在道德上的持守所自然而有的回报。信用之德不仅为经营资金提供保障，而且也为企业合作提供信用基础。现代市场经济是一种信息经济，但信息往往存在可靠与否的问题，不知道别人提供的信息是真还是假，只有凭对方是否诚实来间接地解读对方所提供的信息，于是诚信之德成为经济合作中的根本保证。

(2) 道德环境的建设

市场经济条件下，道德环境的干扰因素很多，因而必须加强学校教育的主渠道作用，开展形式多样、方法灵活、寓教于乐的德性养成活动。加强家庭教育与社会教育的监督和指导，倡导社会主义核心价值观念，学习道德模范的事迹，开展社会实践活动。从理论学习到实践检验，提高德性养成的环境影响作用。

每个人的文化素养并不是先天就有的，而是后天养成的。马克思说："环境创造人，人亦创造环境。"可以说，每个人的文化素养、文化品质都

第一章 德性生成的文化阐释

折射出其成长背景、生活阅历、教育经历。

以互联网、数字技术和移动通信技术为代表的现代媒介要筑起当代道德话语传播的公共载体,道德话语载体的这种转型彰显的绝不仅仅是时代的文明进步,更多的是新型伦理诸如传媒伦理、网络伦理的时代挑战。道德话语宏观影响因子的排序依次为:政治权力、经济财力、文化影响力、综合实力、人格魅力;微观心理偏好的排序为:良知、利益、风俗习惯、权威、兴趣、从众心理、宗教。我们要在法律制度的约束下,大力发挥德性的自我约束力量。

德性的养成是由内部因素和外部环境因素共同作用、共同决定的。班杜拉认为人的品德的形成与发展是个人在不同环境的相互作用下实现社会化的过程。可以说,个体不是简单地作为传递外部作用的媒介,而是个体及其内部因素与外部影响互动,最后形成内外因素的统一。个体通过主动学习的过程接受了外部环境的影响。个体也通过自己的道德实践活动将道德影响反作用于外部环境。作为道德环境的构成部分的个体,也在接受外部环境影响的同时影响着外部社会环境。外部环境的影响与个体的主观能动作用共同为个体品德形成发生作用。

(二) 经济关系及价值理性的影响

经济关系即生产关系,是人们在物质生产和再生产过程中结成的相互关系。它是各种社会关系中最基本的关系。生产关系的内容有狭义和广义之分。狭义的生产关系指直接生产过程中结成的人和人的关系。广义的生产关系指包括生产、分配、交换、消费诸关系在内的生产关系体系。我们所研究的生产关系,就是人们在社会生产总过程中所建立的诸方面的经济关系的总和。

经济价值理性主要适用于生产活动和市场交易场景,经济是政治的依托基础和决定力量,政治是经济的基本要求和集中体现,两者应当是相互协调和相互适应的,表现在微观层面,则要求现代人既应当具备经济人格又要具备经济价值理性。

作为经济发展和德性养成,行为之宗旨方面:逐利还是取义;行为之动机方面:利己还是利人;行为之约束方面:他律还是自律;行为之依据方面:循法还是重情;行为之方式方面:多样还是单一;行为之态度方

面，公平还是礼让；行为之表露方面：掩饰还是展现。应当具有怎样的理性进行选择，是德性养成中的价值判断。

1. 双重价值的追求

由于人的生命本性中存在着双重性的矛盾，所以人在生活中，总是面临着双重价值取向的冲突。在市场经济体制中，个人的独立、竞争与利益都是人所追求的现实性价值取向，而每个人的权利自由、交往、公平以及创造性发挥则是人们渴望的理想性价值取向。

经济发展和德性养成分处于两个不同的领域，追求的目标是不一样的。前者更多地处于物质经济领域，后者则处于思想文化领域；前者追求的更多的是物质文明，后者追求的是精神文明。由于各自所处的参照系不同，因而判断的标准肯定也不尽一致。所以，很难说两者之间的种种差异会导致两者真正的对立冲突，它们完全可以并行发展。

人们的思维方式、行为方式中还存在着对经济发展、社会发展与人类发展的冲突性理解与盲目性行为。在实际生活中，人们往往以发展经济、提高效率的现实理想的至高无上性，支配自己的观念与行为。这种认识与实践一方面造成单纯的经济观点与经济行为；另一方面把经济价值及其标准扩大到人类生活的所有领域，造成生活经济化的恶果。①

当经济发展与德性要求交织在一起、互有影响、选择此必须要考虑彼时，那么直接的对立便发生。市场经济的活动领域是特定的、有限的，"经济"准则也只有在其特定范围内实施才具有合理性，而一旦将仅用于经济交往的准则推广到一切领域和交往形式上，则必然会产生一些令人费解的问题。德性的活动领域则是非常广阔的，涵盖社会的所有领域和人的全部交往形式。只要有人的交往存在，就会有道德关系存在，即使是在个人独处时，也有一个古人所讲的"慎独"的道德问题。从这个意义上来说，即使是在特定市场经济的活动领域，也存在着一个如何对待和扮演"道德人"的问题。也就是说，一个道德人同时未必是一个"经济人"，而一个"经济人"却同时是一个是否道德的"道德人"。这也正是人们乐于从传统道德角度来审视和评判市场经济的根本原因。因为这并非隔靴

---

① 高海清、胡海波、贺来：《人的"类生命"与"类哲学"》，吉林人民出版社1998年版，第363页。

第一章 德性生成的文化阐释

搔痒。

社会主义市场经济对道德建设提出了新要求，要坚持公民承担社会责任与社会人合法权益相一致，先进性要求与广泛性相结合，为社会主义市场经济的发展提供良好的道德环境和有力的道义支撑。

2．市场经济发展与德性发展的不平衡

经济发展与人的发展并不具有根本的冲突和矛盾。如果把它们对立起来，这本身就意味着人与社会的发展出现了严重的问题。资本主义市场经济在一百多年的发展中，虽然带来了经济上的繁荣和生活上的富裕，但也带来了许多丑恶的现象和弊端；漫长的中国封建社会虽然给今天的中国留下了种种弊端和落后的东西，但也同时留下了许多让世人瞩目的优秀文化遗产，包括优秀道德遗产。因此，中国在发展社会主义市场经济的同时，如何避免可能带来的弊端和负效应，同时又不丧失历史留给我们的优秀遗产，这恐怕是我们应该注意的关键点。

一般来说，"经济人"面对的是现实，要解决的也是现实中的具体问题。现实生活本身的多变性和复杂性促发了"经济人"的灵活性和精明性。而"道德人"虽然也是现实的，但他（她）思考的却是现实中的道德义务和道德原则。他（她）立足于传统道德来观察现实，现实对他（她）而言不啻是一面镜子，要从中窥视出道德来，以不变的道德原则来看待变化万千的现实。

"经济人"与"道德人"所发生的种种冲突，具有历史的、文化的、客观的、主观的等多种根源。这些冲突，有些是正常的，有些是不正常的；有些是合理的，有些是不合理的；有些是可以避免的，有些是不可以避免的；有些是积极的，有些是消极的；有些是主动的，有些是被动的。总之绝不可一概而论。但无论是哪一种冲突，其结果总是有利有弊。因此既不能肯定一切，也不能否定一切。正确的态度应该是将两者有机地结合起来，并予以最大限度的互补，克服双方的缺陷和不足，发扬双方的优点和长处，使双方尽可能取得一致。这既是市场经济发展的需要，也是道德建设需要，尤其是对建设和发展社会的精神文明具有重要的现实意义。①

---

① 邬焜、李建群：《价值哲学问题研究》，中国社会科学出版社2002年版，第304—315页。

人们洞察到市场经济给人们的观念和社会精神生活带来的种种消极影响，促使人们自觉地规范和完善市场经济行为，并尽可能努力减少市场经济带来的消极影响。从市场经济的角度来审视传统道德，可以使人们意识到传统道德本身的局限性和对发展社会主义市场经济的消极影响，促使人们自觉地去发扬传统道德，并努力建设新的道德，要实现市场经济与道德建设的互补与协调发展。

3. 诚信的市场选择

在市场经济中，诚信互利是市场运营的基本道德规范。诚信是在市场经济中市场主体表现出的一方诚实而另一方信赖的经济范畴和社会现象，它是市场主体之间的理性承诺与认可相结合的行为。

在市场经济中，诚信使交易成本降低，提高交易效率，并能促进消费，提高竞争力。在现代市场经济运行中，诚信成为最为重要的资源之一。同时，由于经济主体既是生产者又是消费者，因此，诚信不仅是尊重和维护对方合法权利，也是对自身合法权利的尊重和维护。

市场经济的运行要依靠经济主体之间的诚信来维持，如果诚信缺失，就意味着维系市场经济存在和发展基础的契约失衡。共同投入、共担风险、共享收益的市场经济制度会遭到破坏，导致市场经济瘫痪，无法正常运行。可以说市场经济是诚信经济，诚信是市场的灵魂，是经济发展的保障。

讲"诚信"在道德修养上要求人们要有"慎独"的自律精神。主要依靠良知、道义和自我约束，所谓"君子养心莫善于诚""诚善于心之谓信"。儒家的这种诚信观重心在"我"，诚信的根本目标在于增进品德的完满。诚信可以说是一种自我道德要求和心性修养。

在市场经济中，当道德追求进入物质生活领域，诚信在更大的范围内促进了经济的快速发展，形成了诚信经济的飞跃。诚信的作用也转变为现代市场的诚信，丰富了传统的强调内在品德修养的内容，即强调社会人文层面的"双赢"。因此，诚信在伦理学家看来是道德资源，在经济学家看来则是重要的经济资源。在市场经济条件下，市场经济是一种诚信经济，竞争机制的正常运作，需要一种公平交易的秩序来保障市场行为的平等与公平。因此，诚实信用原则是市场交易双方必须恪守的原则。

传统儒家诚信观重视个人心性的修养，而对诚信与否的外在规则、契

第一章 德性生成的文化阐释

约乃至法律的尊重和信守却忽视了。进入市场经济后，交易方式的改变与社会分工的细化，使人们不能脱离于社会经济之外，同时，诚信也被赋予更多的物质含义。

任何一种文化形态的存在，都是在一定的社会历史文化条件下产生的，并随着社会历史文化条件的变迁不断变迁、发展。诚信的具体内涵也是如此。在现代社会里，诚信不再是其原来的语意范畴，而产生了新的内涵。现代诚信是指建立在市场经济之上的诚信体系。建立在市场经济之上的诚信体系是公正、开放、普适性的诚信体制，是市场经济得以良性运转的关键前提之一。它之所以被如此重视，是因为一个健康成熟的市场体系，必须有与之相适应的社会伦理规范和制度来保障。现代社会的诚信所体现的是公民和法人间的一种契约精神，是对契约、规则以及自身人格的忠诚和信誉的保证。同时市场经济也赋予诚信以新的时代内涵。

回顾资本主义国家的经济发展的历程，诚信原则也是由职业道德观向经营理念观发展的。随着市场经济的逐步成熟，诚信已经上升为一种社会法律原则，比如在《瑞士民法典》总则中就有这样的规定："任何人必须诚实地行使其权利并履行其义务。"

在世界各国市场经济发展中，很多国家利用诚信这一准则，帮助其经济的崛起与发展。比如，美国得以维持世界经济"盟主"地位，最早建立企业文化，也得益于由泰罗发起的以"诚信"为核心的"管理革命"。在日本企业界和管理界建立的企业文化，就是以诚信为主体的企业文化。其特征可用"和（人和）""同（同心）""忠（忠诚）"三个字来概括。在现代经济活动中，若诚信道德缺失，信用体系遭到破坏，就会导致市场秩序紊乱，交易无法正常有序进行。

人类发展需要诚信，社会存在及其发展亦需要诚信。诚信作为维护每个人的正当利益、维持社会正常秩序的基本道德规范，它的重要性是不言而喻的。在市场经济飞速发展的今天，诚信已融入社会生活的各个角落，成为协调不同利益者之间关系的原则之一。现代市场经济条件下的诚信，是每一个市场主体和社会公民必须遵守的基本道德规范与义务，而不仅是个人内在的道德境界的要求。这是现代社会较之于传统社会的"质"的飞跃。

(三) 政治关系及政治思想的影响

政治关系和政治思想为德性养成规定了方向和目标。任何社会的德性无不打上这个社会的烙印。政治关系和政治思想使德性具有鲜明的阶级性。

政治关系是指人们在社会生活中,基于特定的利益要求而形成的、以政治强制力量和权利分配为特征的社会关系。它是政治角色之间的相互作用和影响,是现实政治的属性,也是一种客观存在。它是阶级社会中人类政治活动的必然产物。社会的特定政治关系一经形成,就反过来规约人们的政治行为。

社会的政治关系是一个庞大而复杂的政治网络系统,由众多错综复杂的政治网络组成。这个网络中最重要的有阶级关系、党政关系、军政关系、中央与地方的关系、个人与集体的关系、个人与个人的关系和国家与国家的关系等。其中每一种关系都表征着政治系统的性质与状态。一方面,人们在政治生活中处于何种地位、发生什么样的作用、对社会政治进程产生什么影响,归根结底是由他们在社会经济生活中的地位决定的。如在经济中占统治地位的个人或集团与处于被统治地位的个人或集团在政治上就不可能有真正的平等关系。另一方面,从总体上说,社会的政治关系一般总是与经济关系相适应。如封建的经济关系必然产生封建的政治关系,而封建的政治关系则体现着封建的经济关系。从最终意义上说,一定的政治关系取决于一定的经济关系,并为一定的经济关系服务。

所谓的政治思想就是社会成员在政治思考中所形成的观点、想法和见解的总称,它是人们对社会生活中各种政治活动、政治现象以及隐藏在其后的各种政治关系及其矛盾运动的自觉和系统的反映,是政治文化的一种表现形态。

现代社会的公民应当自觉地追求、主张、维护和实现自己的政治权利,而这也正是现代公民社会和现代政治价值理性的基本精神。历史和现实经验已经充分证明,政治关系与政治思想是德性养成的重要内容。

1. 平等自由权利的拥有

在现代文明社会的发展过程中,赋予每个人在道德上作为相互平等的主体性资格。在现代国家政治文明建设的过程中,更是注重保障人的民主

第一章 德性生成的文化阐释

权利的获得和公平、公正的制度建立。

（1）生而平等的理性观念

"人是目的"是德国著名哲学家康德提出的。人在生活实践中，是利益的主体，社会要发展，人类要进步，追求自由与平等，是德性发展的内在要求。康德的道德哲学，论述解决不平等的理由和根据。提出平等对待每一个人，从思想道德层面来说，"人类尊严的观念有些含糊，但是很有力量。这个观念是和康德联系在一起的，但是很多不同的学派都维护这个观念。这个观念认为，承认一个人是人类社会的完整的成员，同时又以与此不一致的方式来对待他，这样的对待是极不公正的。"① 从中可以看出，人生而平等，不容许有歧视和不尊重，人生的价值在于对德性理想的努力，即对自由与平等的不懈追求。

在实际生活中，每个人的生活面貌既受先天因素影响，又会受到后天环境的熏染，人是生来就有差异的，这种差异在人的实践中，会不断地变化和发展。社会的道德要求是不平等、不正义的，需要通过人的努力加以改善，使人不断趋向于平等。因此，充分认识先天的差异，重视后天的个人能力发展是非常重要的，使每一个人获取平等的权利、具有自由的空间是发展人性平等的前提和基础。

（2）能力平等理论

德沃金认为有两个重要的伦理学原则是任何一种平等理论都必须遵循的。一是重要性平等原则，二是个人责任原则。由于每个人的人生意义都是同等重要的，因此，一个政治社会必须对全体公民都要一视同仁。"虽然我们都必须承认，人生的成功有着客观上平等的重要性，但个人对这种成功负有具体的和最终的责任——是他（她）这个人在过这种生活。"② 也就是说，是否具有平等的权利，主要是由于个人自身能力和主观选择决定的。所以一切后果应该由自身来承担。阿玛蒂亚·森为能力平等理论提出了解决方法。在阿玛蒂亚·森看来，影响人与人之间不平等的原因不仅是

---

① ［美］德沃金：《认真对待权利》，中国大百科全书出版社1998年版，第262页。
② ［美］德沃金：《至上的美德：平等的理论与实践》，江苏人民出版社2003年版，第6页。

因为资源的差异，更重要的是由于个人能力方面的不平等。①

(3) 自由平等的终极价值

每个民主国家都以法律条文的形式，保障每一位公民都拥有自由、平等的权利。"公民身份就应该是包容的、开放的，不应受到诸如身份地位、血缘出生、财富资质等外在条件的限制，所有人都应该有权参与对国家的控制和为国家的决策贡献力量"，②因为"每个人的自由发展是一切人的自由发展的条件"。③

只有每个人所拥有的权利都是平等的，只有在每个人的平等权利与自由选择都有相应的制度作为保障，才意味着社会发展了每一个人。只有每个人都是自由的平等的，每个人的奉献才意味着促进了社会政治经济文化的发展。当社会主体没有平等权利时，就无法使那些为了自己的利益而损害他人利益的人受到抵制和惩罚。

人类一直为之不懈追求的终极价值是自由和平等。亚里士多德在《尼各马科伦理学》中以目的论来解释德性与人向善追求的关联性。人和其他动物一样，都有自己特殊的本质。而人的本质就决定了人要有一定的目的和目标，终极价值的追求是人的目的，并能朝着这一目标前进。实现了它也就实现了完全的德性。

人在追求善的过程中，实现自我完善，成就美德，要不断超越自身，达到良好的生活和在良好生活中良好行为的状态。正是这种德性与追求善的关联，使人的德性具备了正面的价值，同时也成就了人的本质规定，人是一种积极的存在。

2. 政治参与的体验

中国学者俞可平认为，中国公民社会，在推动政府和公民合作、实现公民有序参与政治方面起着不可低估的作用。此外，阿尔蒙德的研究，以及社群主义理论家都认为公民参与社团的实践经历对于提高公民的自治和

---

① [印度] 阿玛蒂亚·森：《以自由看待发展》，中国人民大学出版社2002年版，第88—92页。
② [美] 里普森：《政治学的重大问题——政治学导论》，刘晓等译，华夏出版社2001年版，第101页。
③ 《马克思恩格斯选集》第1卷、第2卷、第3卷，人民出版社1979年版，第270页。

第一章 德性生成的文化阐释

政治参与能力,以及共同义务感具有重要意义。"许多民间组织不仅要求和鼓励其成员积极参与组织内部的事务,也鼓励他们积极参与国家的政治生活","民间组织对社会政治参与的程度要远远高于普通的公民,特别是在农村和城市的基层"。① 现实社会中,尤其是农村地区,需要进行积极的宣传与引导公民参与社会活动和政治活动,提高参政议政的主动性和积极性。

总之,在活动中,培育公民的合作、参与意识和提高技能水平是至关重要的。在创造公民对国家政治系统的信任和感情信仰方面,政治系统的实际能力——产生满足系统成员期待的政治输出的能力,也很重要。现代社会进步的标志就是公民的政治参与程度,如参与国家政策、法律的制订,参与国家发展大计的规划等,标志着社会政治文明进步的尺度。

(1) 政治参与的社会责任意识

公民参与政治,是义务与权利的统一,在政治参与过程中健康的政治人格得以塑造,公民意识得以激发,在克服个人主义的狭隘的局限性的同时,也使相互合作精神、责任意识得以培养,公民价值最终得以体现。公民政治参与是现代民主社会的普遍现象。法国历史学家、社会学家托克维尔认为,社会给公民提供了免费的民主大学校来学习政治参与,公民可以从中学到合作、团队精神,学到合作的方法,公民要培养自己在更高层次和更大规模上参与政治的能力。

(2) 政治参与的内在需求

马克思曾指出:"人们奋斗所争的一切,都同他们的利益有关。"② 公民政治参与是社会各个阶级、阶层、群体博弈的结果,是公民利益的表达方式。

政治参与从本质上说是各个个体利益主体之间的协调过程。为满足个体之间的利益的平衡,公民与公民、组织与组织间组成了一种权利与义务相一致的契约关系。这种基于契约的交换关系既满足了自己利益的需要,又调动了他人参与合作的积极性,实现了通过协调而达成社会共识的整合目的。

---

① 俞可平:《中国公民社会的兴起与治理的变迁》,社会科学文献出版社2002年版,第211页。
② 《马克思恩格斯选集》第1卷,人民出版社1956年版,第82页。

政治参与为公民提出的合理利益提供了诉求的权利和平台，公民都有参与政治的权利和义务，通过参与可以充分表达个人的利益要求和政治愿望。这种参与为社会政治体系的长治久安加入稳定的力量。也可以说，公民政治参与是德性的一种内在需求，也是使主体本身实现自身利益权利的过程。

（3）政治参与的权利与义务

公民政治参与不仅是公民的权利，也是公民的义务。是公民的权利与义务的统一。公民是一个国家主权的拥有者，参与政治的权利是社会赋予的责任。一般公民都享有最基本的知情权、参与权、表达权和监督权。

公民享有参与的权利和相应的义务是统一的，使用权利和履行义务是政治参与的本质特性。列宁指出："在形式上承认公民一律平等，承认大家都有决定国家制度和管理国家的平等权利。"[1]

一个国家民主价值的实现是政治参与的基础。公民积极参与政治，表明了公民对自己国家的忠诚与热爱。要保证参政议政的有效性，公民需要学习相关的政策法规，同时还要学会将自己的利益与国家利益保持一致，关注民生的需要，履行公民的义务，实现个人权利与义务的统一。

（4）政治参与的利益关照

随着社会的发展，公民素质的提升，人们越来越关心自己在社会生活中的地位。参政议政成为一种需要。在参政议政过程中，有可能会遇到个人利益和整体利益的冲突，目前利益和长远利益的冲突。在这种情形下，个人要学会用法律和道德规范来维护自己的利益，同时，随着社会的进步，人们越来越会依靠社会的利益实现个人的利益。因此，社会能否进步，决定着公民能否通过政治参与来保护和行使自己的公民权利，进而促进公共利益的发展。

在政治参与中可以感受个人与社会合理共识如何达成。在现代社会中，需要全社会的各个区域、各个阶层的共同努力与合作。这种共同努力与合作取决于社会合理共识的达成。

公民政治参与为每一位公民提供平等沟通的权利。公民为实现互利共赢相互理解、尊重、宽容，公民政治参与本身不仅具有政治性，而且还具

---

[1] 《列宁全集》第31卷，人民出版社1956年版，第96页。

有道德性，并且实现着社会利益与个人利益的互利共赢。

3. 民主权利的维护

民主权利的维护就是实现人的主体性价值。民主是人类的理想和追求。"主体性是人的素质的核心和主体，人的素质发展到怎样的水平，人就有怎样的主体性和自由度。"① 尽管民主的理论和实践在不同历史时期、不同国家和民族都有不同的表现，但是人们对民主的追求却从未间断。

（1）民主权利的社会文明本质

在现代国家中，公民民主权利的维护与发展意味着个人自由的增进、人的地位的提高。民主权利发展的实质意义在于，改善个人权利的社会配置方式和增进社会正义的程度。公民民主权利是衡量一个社会文明程度的重要指标。

托克维尔认为在公共社会里，会"让所有的人都和平地行使一定的权利"。② 公民社会激发了公民民主参与的积极性和主动性，使公民参与民主的热情高涨，民主权利和意识得到了加强和培养，从而形成与社会民主政治文明相适应的公民文化。

（2）民主意识的德性意蕴

"追求幸福是每个人的生活动力，这是一个明显的真理。如果不去或不能追求幸福，生活就毫无意义。"③ 个体的善和社会的善是紧密联系、不能分离的，任何程度的分离都是两者的损失。一个社会的善主要是指在多大程度上实现人的社会价值。

"人的行为活动是有意识、有目的的进行的，是自觉的、能动的活动。这种在自身中有意识、有目的的能动活动，使人成为主体。"④ 民主意识主要体现为公民民主观念的社会化、民主精神的大众化。而公民德性已经成为衡量民主政治建设成果的重要尺度。公民的主体性体现在政治的参与

---

① 郭文安、陈东升：《国民素质建构与基础教育改革》，人民教育出版社1997年版，第7页。
② ［法］托克维尔：《论美国的民主》（上卷），商务印书馆1991年版，第272页。
③ 赵汀阳：《论可能生活：一种关于幸福和公正的理论》，中国人民大学出版社2004年版，第143页。
④ 宋希仁：《不朽的寿律——人生的真善美》，中国人民大学出版社1989年版，第213页。

上，主要体现在参与政治活动和公共决策之中。"权利是法的内核，没有对权利的要求，也产生不了对法的需求和对法律的渴望。权利意识和法治观念的形成是密切联系的。权利意识的增强导致法治观念的生长，反之，法治观念的增长，也必将推动人们权利意识的扩张。"① 可见，公民要拥有民主意识、参与政治生活的意识、参与公共决策的要求，这样才能主动推动它去实现民主意识。

(3) 民主的自由精神

人本质的发展和人性升华的体现是自由，它是以劳动为根据、以劳动者为主体的。自由作为一种观念指导着人们的行为，并体现在人们行为和社会关系之中。民主的精神是自由意识。它指导着个体的意识和行为，进而作用于民主政治和公有经济，表现为民主政治的内在精神。自由是个体的人增强认知、争取、行使民主权的内在驱动力，这同时也增强了民主的权利，确立了民主的权威。

义务是权利实现的内在因素和外在条件。人们在享受民主权利的同时也要履行民主的义务。每个人在社会政治生活中，都希望充分享受社会赋予的民主权利。然而这种民主权利不是外在于个体人的，而是人的德性与其本质存在发展的内在要求。民主权利就是个体在社会政治生活中的权利，也是人类社会要承认和保证的个体应该具备的一种权利。

德性是建立在人们理性选择基础之上的，这种选择本身包含着对道德体系本身的批判性审视。离开了特定国家和时代背景，德性则是不可理解的或难以被正确理解的。亚里士多德指出："德性则是某种选择，至少离不开选择。"② 麦金泰尔认为："德性实践的直接后果便是一种采取正确行动的选择。"③ 因为当一种社会规范不合理的时候，而一味地强调个体德性的完善时，就会强化这种不合理。另外，公民的德性也只有在特定国家和时代背景下才有意义和价值。麦金泰尔指出："实践永远有历史，在任何

---

① 刘佳：《中国法治化的现实基础》，载《中外法学》1999 年第 1 期。
② [古希腊] 亚里士多德：《尼各马科伦理学》，苗力田译，中国人民大学出版社 2003 年版，第 32 页。
③ [英] 麦金泰尔：《德性之后》，龚群、戴扬毅等译，中国社会科学出版社 1995 年版，第 188 页。

第一章 德性生成的文化阐释

既定时刻,一种实践是什么取决于理解它的一种模式,而这种理解模式常常为许多人所传承。"① 德性的理解必须放在它的历史的实践中,这种实践的历史实质上是指特定国家和时代。

(四) 生态关系及文明意识的影响

生态关系的要求以及人类文明的进步,为德性的发展开辟了道路。

1. 生态关系是人与自然新型的关系

人是自然进化的产物和自然界的一个有机组织部分,人类的生存发展需要具有良好的自然生态环境、正确处理好人与生态的关系。生态关系是自然界中,不同生物之间形成的相互依存的生物链关系。它是人对于自然价值的理念、评价与取向,支配着人对自然的态度和行动,也将最终决定自然对待人的反映方式。

自工业革命以来,人类确立的是征服、掠夺和无节制消耗自然的传统生态价值理性,它在给人类带来财富增长和经济发展的同时,又给人类带来了环境污染、资源枯竭等方面的灾难,使得人类面临着不能在地球上持续生存和发展的危机。要摆脱这种被动局面必须建构新型的人与自然的生态关系,其核心理念与原则是确认自然存在的终极价值和主体意义,肯定自然的权利与自然存在的合法性,摒弃片面绝对的"人类中心主义"自然价值观;节约、循环和永续使用自然资源,实现地球资源在人类代内与代际之间的公平分配和持续利用;积极治理和恢复惨遭破坏的自然环境,切实保护生物多样性;重建人与自然之间的朋友与伙伴关系,实现人和自然的共生共荣与持续和谐发展。

2. 文明意识是社会发展的需要

文明标志人类的进步程度和状态。人类社会发展到今天,从文明的历史算起,经历了从农业文明到工业文明再到当代生态文明的发展历程。文明的发展不在于物质财富的增加,而在于增加人类的智慧,特别是在于增进人类的德性。所以,德性是文明进步的标尺。印度"圣雄"甘地指出:"所谓文明,应该便是行为的型;它指示达到人生的义务的途径。尽义务

---

① [英]麦金泰尔:《德性之后》,龚群、戴扬毅等译,中国社会科学出版社1995年版,第188页。

与守道德，是它的别词。"① 物质生产只是文明的一个方面，人类还须有精神生产，所以，文明的水平不仅要看满足人们物质需要的程度，还要看整个社会的道德状况。所谓文明是指人的身体安乐、道德高尚。德性不仅是文明成熟的标志，而且是文明社会进步的内在动力机制。

文明是人类社会实践活动中进步、合理成分的积淀，文明的发展水平标志着人类社会生存方式的发展变化。迄今为止，人类社会的文明发展已经经历了传统的农业文明和近代以来的工业文明以及当代的生态文明三个阶段。

生态文明是相对于农业文明、工业文明的一种社会经济形态，是人类文明演进的一个崭新阶段，是比工业文明更进步更高级的人类文明新形态。生态文明指人类的主流价值取向和社会实践已能自觉地把自然生态效应纳入一切社会经济活动之内。本质要求是实现人与自然和人与人的双重和谐目标，进而实现社会、经济与自然的可持续发展及人的自由全面发展。在生态文明社会中，从人与自然的关系看，人们普遍遵循真、善、美相统一的实践准则，自觉地把主体的内在尺度与主体的外在尺度有机结合起来，既能按照人自身的理想、需要、目的、意志、知识、能力和才干来改造自然，又能根据自然的内在性、发展规律、现实条件来塑造自身，全面而自由地实现人的自然化和自然的人化，从根本上消除人与自然的片面对抗，在自然界的自觉的和与自然之间双向的、平等互利的、新型的关系中，人与自然之间全面而合理的双向对象化，人与自然的和谐发展，就成为人的实践活动本身应有的职责、目标和使命，从根本上避免生态危机给人类带来的灾难。

人类走向生态文明，将标志人类文明和智慧的真正的成熟。生态文明强调和维护自然权利，致力于恢复包括人类在内的生态系统的动态平衡，同时也反映了人类及其后代切身利益的责任心和义务感。

3. 科学消费是生态关系及文明意识影响的结果

人作为有思想、会判断的生命个体的存在，其生命过程包含着对组成人生活的各个基本问题的思考和判断。低碳、文明、科学的消费是社会发展对人的要求，也是主体消费的必然选择。

---

① 宋希仁：《当代外国伦理思想》，中国人民大学出版社 2000 年版，第 134 页。

第一章 德性生成的文化阐释

消费道德是消费价值观的重要组成部分，消费观是价值观的重要组成部分，消费过程必然要体现出主体的道德性，是社会道德规范在消费领域内的具体体现。它是对消费中的价值观进行道德层面规约的尺度。消费虽然是人自由选择的结果，但在消费的过程中也要承担由消费带来的一系列后果，使自身的消费行为不损害自己、他人以及社会的利益，这就要求消费的主体具有消费道德责任。

消费价值观的目标是指向人的全面发展的。为了实现人的全面发展这个目标，必然要采取对主体的消费行为进行道德规范，用消费道德来引导消费行为。当代社会出现了人们因为幸福感的缺失而在精神上痛苦的各种案例。其主要原因就在于商品和物质享受占据了人的灵魂，把物质享受看作自己最高甚至是唯一的需要。人的生活异化了。商品不再是服务于人的需求，而是成为奴役人的"主子"。用生命中最宝贵的时光来获取单纯物质上的满足是生活的最大失误，是对人的本性的彻底背叛。

实现人全面发展的消费需要向善的消费道德来保驾护航。人的全面发展是人发展的理想目标，这不仅体现在物质上，还反映在精神上。马克思说："人以一种全面的方式，也就是说，作为一个完整的人，占有自己的全面的本质。"① 人的全面发展要以合理的消费满足人的需要为前提。人的各种需要得到满足，人的本质才能得到确证，才能不断升华和发展。

消费道德主张人在物质消费的同时进行精神消费，还要不断提高主体消费精神文化的含量。以合理的、善的消费来引导人们进行理性消费。人的全面发展是在消费道德引导的基础上实现的。若消费没有道德的规范与引导，在物欲横流的今天，现代人会变得精神无处安身，心灵漂泊，很难实现人的全面发展。

可持续消费的概念出现在20世纪末。可持续消费可以理解为：人们在进行消费的过程中，对于物质产品质量、效能和服务的需求是无止境的，但是作为社会和自然界的一分子，必须为子孙后代的生存考虑，不能图己一时之快，用尽物质产品，以污染环境、破坏生态为代价。"没有买卖，就没有杀害。"消费要有为子孙后代考虑的观念，从而不危及后代的需求。

在人的消费中表现出的德性也应该在社会生活中得到发展、完善，这

---

① 《马克思恩格斯全集》，人民出版社1979年版，第123页。

是人的全面发展的一个方面。在消费异化的现代社会中，一些人盲目追求高消费，很有必要让消费主体明确自身消费责任，进行科学文明的消费。主体在消费中应尊重自然的承受能力和资源的可持续性发展。坚持合理、文明的消费，保持人与社会和谐相处。坚持科学理性消费，规避不合理的消费行为，对自身消费行为负责。

可持续消费是一种崭新的消费模式，当有限的资源与人类无限扩大的消费需求发生矛盾时，它主张消耗最少的资源产生最高效用，产生最少的废弃物和垃圾，因此也被称为最优化消费。生活质量的表征因时而异、因地而异，可持续消费的终极目标是提高人类的生活质量。人类必须转变现有的消费方式，进行科学文明的消费，无论在什么时代或在什么性质的国家，要使人们消费的资源实现效益的最大化，可持续消费是通向高品质生活的可靠途径。

比如开车去商场购物与乘地铁等公共交通工具去购物相比，后者要比前者更合理、更科学。消费道德就要通过引导消费者乘地铁等公共交通工具去购物，使主体采取更科学的消费方式，促进人的全面发展的实现。

合理、文明消费体现着一种全新的消费道德，应是人类消费行为选择的道德取向。放弃以资源的巨大消耗为代价的消费模式，代之以科学文明的消费，有利于节俭道德的培养。合理消费要求人们在消费需求满足的同时，更应该考虑消费效益的最大化。使人成为理性的人，使消费有益于人类自身全面的发展。

第二章　德性养成的主体实践

人在实践活动中获得了德性，同时又在实践活动中实现了德性的目的。人在德性实践中，能动地改造客观世界和调整交往关系形式时，就在不断地满足主体的客观需要，对人类形成意义。当人类的生存条件发生变化的时候，作为人类社会重要秩序渊源的道德当然也会随着社会的变化而发生变化。德性养成价值包含了两个方面：一是德性养成的个体价值即人格价值，二是德性养成的社会价值即人生价值。前者是后者的基础，后者是前者的外化。德性作为人格主体的自身价值，决定了德性是生命价值之源。这是德性内在价值的根本所在。德性养成的个体价值使人性更加完善、人格更加高尚、交往目标达成、自我价值实现。德性养成的社会价值，推动了社会实践的发展、社会文明的进步、和谐与秩序的建立。它的价值目标就在于实现成就个人与成就他人、成就人类与成就自然、成就身体与成就心灵、成就德性与成就幸福的统一。

一、德性养成的尺度

德性的养成或者德性的培养是一个以个体内在本质为根据，以丰富人的内在精神世界，以人格的外化为人的德行，形成较为持久、稳定德性的历史过程。德性作为人的精神存在形态，在意向、情感等方面表现为善的定势，同时又包含了道德认识的内容及理性辨析的能力。它为道德的实践提供了内在的依据。道德行为的指向以及评价的普遍准则离不开一定的规范，而规范的有效性又与德性联系在一起。德性既表现为人的内在的精神结构，又体现在现实的行为过程。而内在德性与外在规范的关联是化德性为德行。德性的培养一方面是以个体的潜能为内在根据，另一方面又表现为一个包含多重内容的历史过程。它以善为指向，同时又交融着对真和美的追求。

德性养成的理想境界是人的见与行都达到了真善美的标准，即见行一致，符合人在整体中存在与变化的客观规律。这里的见，就是人对客观事物存在与变化规律的理性认识；这里的行，就是人的行为符合客观事物存在与变化的规律。从某种意义上讲德性就是德行，德性在德行中体现，离开德行也就见不到德性。严格地说，见也是一种行，是一种思想活动。养成是一个生理、心理逐渐发生变化的过程，当德性达到稳定状态或自动化状态就标志着德性已经养成，但它并不是"一劳永逸"，它还会随着人的变化而变化，只是这时人能自觉地意识到它的变化。

（一）寻真的科学理性

科学理性是以自然科学、社会科学和文化传统为基础的。科学理性认为世界是客观的，是有规律的。它旨在认识现象世界后面的永恒本体的真相和规律。它以科学的精神和科学的权威，专注于人类如何在客观世界中更好地生存。为此，马尔库塞指出："它是与客体相对抗的主体。这种先天的对抗性经验既规定了我思也规定了我做。"①

1. 科学理性的特征

科学理性是人类指导自身社会行为的一种科学规范。它是精神文明的重要组成部分。理性是科学的核心，科学是理性的载体。埃德加·莫兰说："理性是一种建立在演示和逻辑学的基础上的思维方法，用以解决反映了一种形势或一种现象特征的材料向精神提出的问题。"② 科学作为思想观念，任务就是要揭示世界的客观性与规律性。科学是理性的文化表现形式，科学也是理性的成果表达。理性是科学的尺度，科学是理性的文化表现形式。

大多科学研究的起点都是从问题开始的。人类在生产实践和生活实践中会遇到各种各样的问题，理性的内在需要就是要找到解决问题的方法和手段，这样科学就有了研究的内容和课题。正如英国著名科学家波普尔所说，科学从问题开始。正是寻真的科学理性使得德性养成有了理论的基础，有了追寻的价值目标。

---

① ［美］马尔库塞：《爱欲与文明》，黄勇译，上海译文出版社1987年版，第78页。
② ［法］埃德加·莫兰：《复杂思想：自觉的科学》，陈一壮译，北京大学出版社2001年版，第120页。

2. 遵循求真的科学理性

在德性养成的过程中,本着求真的态度关注德性养成存在的问题是必要的。同样研究德性的养成也要遵循这样一条求真的科学理性发展之路。德性养成离不开科学理性的引导,罗素说:"任何道德论据的效力全在于其科学部分,亦即能够证明此类行为而非彼类行为是实现大多数人所求目的的手段。"① 科学理性必须服从于善的目标,有德性的生活与理性不可分。陈根法也指出:"知识只有在德性的导引下,才能成为对人类有益的力量,知识是只有服务于至善的目标,才能促进人类社会臻于圆满的境界。"② 在人类追寻德性的路途中,要以科学理性为指引,才能实现人的全面发展和自由。

(二) 向善的道德良心

在汉语中"良心"一词可以解释为:"良"即道德,"心"即意识。其实,良本身有很多含义,包括非道德意义上的"精美""好"等意思,但当与"心"或与"知"相联系的时候,则表示道德的含义,主要指人的道德意识。在西方哲学中,虽然没有对"良心"形成固定和通用的概念,但一般认为"良心"与"道德意识""道德判断力""心灵知觉能力"相一致。

1. 道德信念的建立

社会道德是依赖于社会舆论和自我良心来维系的。而法律是一种依靠国家强制力而存在的外在规范,道德归根结底是要依赖自我良心来维系的人的内在本质。违反了法律,国家权力部门将会给予强制的制裁,但是违反了道德,只能是受到社会舆论的批评与指责。

在现实生活中,当我们被金钱、利益等诱惑时,舆论的指责有时似乎显得苍白无力,很多人并不重视道德规范的约束。认为舆论毕竟还是外在的制约,因而,德性养成的过程中,真正形成坚定的道德信念源于自我内在的良心约束。所以只有转化成为自我内心深处的内在规定,道德才能真正起到规范人实践行为的作用,进而真正起到规范社会的作用。道德内化

---

① [英]伯特兰·罗素:《自由之路》,李国山译,西苑出版社2004年版,第178页。
② 陈根法:《德性论》,上海人民出版社2004年版,第8页。

就是将外在道德规范转化为内在道德良心约束人的德行，这一过程是道德建设的关键所在。

2. 道德人格的形成

道德规范体系对一个社会来说还只是外在的东西，不是真正意义上的道德。要使道德规范真正成为一个在社会中起作用的道德规范，就必须把外在的道德规范内化为社会成员普遍认可的道德人格。"梭罗坚决反对任何机构化的组织，认为人应当按自己的良心行事，而不是法律或规章制度。"梭罗关注的重点是尊重每一个人的权利，不能将法律或规章制度的意志强加于人，让每一个人都能按照自己的良心行事。

人是受自己的主观意志控制的，道德规范对社会的秩序规定只有通过内化为道德主体的道德人格，成为人的自我良心，才能实现。这种受内在的道德良心和自我意志控制的道德主体的行为，才能使每个社会成员遵守社会确立的道德规范秩序。

内化是一个长期的、复杂的过程。对于社会成员来说，它体现为成员接受道德规范，并最终使之成为道德观念的过程。这个过程是外在的道德规范升华为无意识的内在道德信念的过程。当人们刻意努力地使自己按照道德规范来行事，唯恐一不小心有违道德规范时，这时的道德规范还不是真正意义上属于人的内在的道德信念。随着时间的推移，人们逐渐地习惯了按照道德规范来行动，这时外在的道德规范才变成了人们内心深处的信念。可以这样理解：达到自动化了，信念对人的行为的控制常常不是有意识的，而是自然而然地流露出来的时候，才是道德规范真正成为人的德性、德行。道德主体就会自然而然地表现出按照自己内心的道德信念来行事了。德性养成的目的就是要在大多数的社会个体成员身上实现这样一个道德内化的过程。

3. 道德良心控制德行的方向

道德良心并不是与生俱来的，道德良心是后天形成的，道德是依赖于道德主体的内在良心维系的。在道德良心形成的初期，新的道德规范在这个时候还没有内化为道德信念，道德主体常常会违反道德规范。当缺乏监督时，道德主体也偶尔会出现违反道德规范的现象。道德惩戒的作用这时就表现出来。道德惩戒只是给道德主体以舆论压力，让他（她）受到良心上谴责。这种良心的谴责，对人的影响也是巨大的，一些人会产生强烈的良心自责与愧疚，会后悔和谴责自己当初的错误选择，会对自己的行为产生负罪和懊悔感，同时，他（她）的良心会对于某些人的议论非常难过和敏感。向善的道德良心会使人在德性养成的过程中遵循道德的内在价值尺度，控制着德性养成的方向。

现代人的德性的生成，一方面需要把人类长期以来所形成的传统美德、道德良知与道德规范作为道德内容传授给德性主体，以此作为生成道德个性和德性主体的道德信念和向善的道德良心。另一方面，必须引导人们把道德规范真正变成人的德性、德行，自觉地加强德性修养，关注"向善的良心"的养成价值。在德性养成的过程，要求在生活中、社会实践中自觉培养自己的德性，使德性成为人自觉的意识、自动的要求和自身的习惯、成为道德自律。

（三）求美的理想目标

关于美，人们往往从审美角度去思考。实际上，美是人在生活和生产实践中创造的，它显现的是人之为人的意义世界。美展现的是一种主观感受，符合实践客观上的美的体现。审美活动也是由于有机融合了科学认知与伦理实践两种活动的对立趋向，进而带来了人对美的追求以及身心的和谐。

1. 美在人类的实践活动中产生

美在实践活动中产生。"人的本质力量，在实践活动中表现出来；人的个性美，也在实践活动中激发出光彩。无论是个性的崇高美还是一般意义上的美，都要把实践活动作为一块最重要的表现天地。"① "美只有在人类的实践活动中才能真正被发现、被创造。在人类发现美、创造美的过程中，劳动起着关键的作用。"②

美不仅是劳动的产物，它还是人类整个社会实践的产物，美随着社会发展而发展。实践之美才是美的真正意蕴。美也体现在德性养成的实践中。实践德性之所以是美的，求真、向善、显美离不开人类生活的实践，

---

① 吴振标：《个性与个性美》，浙江人民出版社1986年版，第24页。
② 陶伯华：《美学前沿——实践本体论美学新视野》，中国人民大学出版社2003年版，第24页。

离不开教育的作用，离不开规训。"美学教育是人类智力和道德教育的补充。"①

事实上，真的东西可能并不美，因为真是以自然法则为尺度的。而美则以人类自身为尺度。但是，真正美的东西总是不能脱离真又不能脱离善，也就是一方面要合规律性，另一方面又要合目的性。美的事物须内在地符合真与善的规范。歌德说："我们固然不能说，凡是合理的都是美的，但凡是美的确实都是合理的，至少是应该合理的。"②

2. 求美对人格的塑造

美要以善为前提，美同时又是对真与善的超越。人不会以直接有害于自身的东西为美。当美超越了真，特别是它能超越对象的实际存在，当我们的对象是物体时，常常被赋予精神品格和生命情调。当对象是人时，则在其实际体态和精神品格基础上得到进一步提升。总之，对象比主体的理想人格缺多少，审美主体就会补足它多少，这就是所谓美的理想化法则。美超越善，特别在于它超越了直接功利性。

追求美的价值就在于推动自由、完满的人格的塑造。从终极意义上理解，真、善、美应是三位一体的。人类从自身的心灵特性出发对至善至美有一种无限的追求。完满的境界就是美，也就是至善。对它的追求又构成人类存在之真。人们不断追求生命的意义，要求自身的生存达到完满自由，合规律性（真）与合目的性（善）在此融为一体。它对现实具体事物的提升和同化便形成人们通常所谓的美。在这种意义上，黑格尔说："我深信，真与善只有在美中间才能水乳交融。"③ 可以说，无论是东方还是西方，无数人们将求美看作是引领人们实现人生境界的途径。

二、德性养成的客观标准

德性养成的客观标准就是德性的主体显现的道德意识和道德行为符合真善美的评价标准，符合事物存在和变化的客观规律。

---

① ［法］维克多·埃尔：《文化概念》，康新文、晓文译，上海人民出版社1988年版，第62页。
② ［德］爱克曼：《歌德谈话录》，朱光潜译，人民文学出版社1978年版，第135页。
③ ［苏联］古留加：《黑格尔小传》，刘半九等译，商务印书馆1978年版，第29页。

第二章 德性养成的主体实践

道德意识就是正见,正见就是真见,真见就是见到事物存在和变化的客观规律。道德行为就是正行,正行就是符合事物存在和变化规律的实践活动。正行,即人符合正见标准的功能活动。正见标准符合真善美,符合事物存在和变化规律的。正见与正行的关系是相互依存、相互作用的。正见引导正行,正行的结果又通过正见被认证,两者互为因果。真善美的真,是符合事物存在和变化规律的。善,是局部与整体的和谐关系。善是主体内部各部分之间、主体与主体之间和谐相处的关系的反映。美,是主体真与善的外示,可以被正见所感知。德性养成的客观标准有两个层次:一个是理想境界的真善美标准;另一个是现实中的标准,它受社会整体认识水平的制约,这个标准常常是相对的、变化的,通常是需要社会舆论呈现给大家。

(一) 个体行为的尺度

1. 实践的基本规定性

实践的主体是人,人的实践性也就是人性、主体性。即实践性是人的基本规定性。有什么样的主体性、德性,就能反映出实践活动的方向和特点。麦金泰尔说,人的生活就是实践活动。而德性就是在社群中、在人的实践活动历史当中形成的。

德性是人类实践活动的产物。可以说,实践是人的存在方式。通过与他人共同协作的实践活动,使人实现自己的目的和人生目标。人进行德性的修炼,首先要解决修养德性的目标。其次,人正是在实践活动中获得了德性,人的德性活动在实践活动中实现了德性自身的目的。"德性不只是去行动的性情,而且也是让判断和感觉符合正确理性的命令的倾向,作为人类目的的幸福生活,要求实践德性。要拥有德性就是要作为一个人很好地行动着。"① 具有德性的实践是美好的。

2. 实践是德行的过程

实践是德性表达途径,实践是一种自觉的行为。我们常常把德性的实践看作是德行的过程。德性具有善的本质特性。善是两者之间的和谐交流

---

① 高国希:《德性的结构》,载《道德与文明》2008年第3期。

的状态，正如亚里士多德说："人们总是择善而行而非习规。"① 近代哲学认为，实践活动的主体是人，实践是主体的内在要求。康德认为，实践是一种自主性的活动、自觉性的行为。他把实践缩小为仅属人的道德活动。在费希特的哲学思想中，实践不仅仅指道德活动，它还具有创造性的本质。人在变化，实践也在变化，从某种意义上说进步就是创造。在马克思主义哲学看来，实践是主体依据一定的目的改造客体的活动。有目的的行为创造是人适应外界变化、改变世界的基本特征。

实践的目的是内在于实践活动本身的优秀；创造的目的是外在的生产和创造物。而德性恰恰就是使实践活动完成的好的品质，是属于实践活动本身的善。因此德性就内在于实践的目的，没有德性的参与实践就无从谈起，就成了无目的的活动，而无目的的活动也就不能称为实践，要想顺利地开展实践就不能没有德性。

德性与实践是一种相互依存的关系，但二者在现实生活中并不总是协调一致的。德性是内在利益的忠实拥护者，是实现内在利益的必要条件。当内在利益与外在利益发生冲突时，德性往往站在内在利益一边，有效遏制人们对外在利益的要求。如果一个社会追名逐利之风兴盛，德性就极有可能被这种社会风气磨损和消耗，甚至会丧失殆尽。我们必须以德性为指导进行正确的实践，并在实践中进一步强化我们的德性。只有这样的德行，我们才能顺利地走出道德的危机，最终实现社会乃至整个人类的全面、自由的发展。

根据亚里士多德的观点，德性的养成和维系是由于人们在实际生活中反复行德行（实践）的结果，没有人们的反复的习惯性的实践，德性便无从养成，更不要奢谈什么维系。可见，实践无论对于德性存在的基础，还是德性的养成与维系无不具有重要的意义。

（二）群体实践的尺度

1. 群体实践对全社会德性的提升

德性分为个体的德性和社会群体的德性。个体的德性与社会群体的德

---

① ［古希腊］亚里士多德：《政治学》，吴寿彭译，商务印书馆1865年版，第1269页。

第二章 德性养成的主体实践

性互相影响,互相促进。如当下中国,通过倡导社会主义核心价值观、评选感动中国人物等社会活动,弘扬个人德性,提高社会德性。德性实践一靠自知性,二靠自主性。德性行为的自知性表明,如果一个人的德性行为不是出自自我德性意识,那么无论这种行为的结果是好是坏,都不能看成是一种真正意义上的德性行为。德性主体对自己的行为有一定的自我认识,人对自己行为的后果会产生德性价值判断。自主性是德性主体行为自由选择的结果,它应该是德性主体意志的完整反映,是主体的自愿和自决。

德性主体的自主性,不仅应体现在德性行为方式的选择上,而且还贯穿于德性行为实践的整个过程之中。如果德性主体的行为不是个人意愿的真实反映,而是受制于外在压力的话,那么,不管其行为的结果如何,也都不是真正意义上的德性行为,德性的主体自主性也就无从谈起。当德性行为自动化成了德性习惯,这种习惯常常不需外在规约就可以得到实现。可以说处于他律状态下的德性主体是不可能顺利地形成德性习惯的。

目前,在市场经济下,个人经济收入差距加大,人的自由度增加,政治体制改革相对落后,社会约束力减小,一些人开始选择腐败、堕落的生活方式。官二代、富二代、星二代,犯罪率上升。法制建设滞后,社会的道德标准降低了,影响广大青少年成长,造成社会潜在危机,政府和舆论部门应该多做正面引导,提高社会的公正性。

法制建设、道德建设的力度必须加强。所以,社会德性不能只从某些阶层的生活方式和要求出发,也不能只关注个别人的道德要求与追求。相反,应该从整个社会生活实践的共同基础出发,应该着眼于整个社会的群体道德目标建设。德性的个体化在一定程度上导致整个社会道德标准的多样化,人的整体认同感缺失,道德的导向性偏差,进而造成社会的认同度下降,这对整个社会的道德舆论统一是一种冲击和破坏。当过度地追求所谓的"自我道德"时,个人完全根据自我需要、自我理想进行主观性的道德选择时,就会使客观的社会道德尺度和道德权威性丧失它应有的作用。

2. 群体实践促进公共德性的提升

德性养成会进一步提高社会公共领域的德性水平,发展尊重他人的公共生活伦理,通过社会协商、交流,促进各种利益关系的协调发展,鼓励人们在交往行为中体会社会生活的价值。营造良好的道德氛围对提升社会整体的道德境界大有帮助，也会使人们在道德实践中更为理性和自觉。

全社会倡导建设和谐社会的主张是重视整体上的和谐发展，各利益主体的绝对独立对整个人类社会会造成无形的伤害。我们要始终坚持一种社会发展统一的思想，坚持一个共同的德性理想，只有这样，人才能真正全面发展，社会才会不断向前迈进。麦金泰尔指出："一个真正的社群是一个注重人生目的、追求德性的社群，真正的社群必须具备以下几个特征：社群要有全体成员都追求的共同分享的目的；社群成员要有情谊，即朋友之间对于什么是善有一种共同的感知，然后彼此相互激励，并以此来促进公共善的实现；社群必须有一个贯穿过去和未来的整体道德计划，并以这个计划来唤起成员的归属感和爱国心。"①

作为主体的人是一种意义的存在。人们在德性实践中能动地改造着客观世界，也不断地改造着自身的主观世界。但是生活在社会中的人，不仅仅以个体的形式存在，它常常作为群体中的一分子来行动。而人与外界的交流也不可能使人的所有需要都得到满足。在德性实践中意义的作用方向都是相互的、双向的。德性实践对于领悟主体有实际意义，另外它也是主体为行为施以意义的过程。作为主体，总希望把社会交往实践置于可控范围之内，以期达到对整个实践意义的自主、自由的把握。

（三）社会发展的尺度

德性的内在规定性是随着社会、历史的发展，不断变化发展的，社会实践的发展和人类社会的进步，都为德性内容的丰富提供了资源。个体德性要符合社会群体德性的要求。社会发展的尺度就是德性的发展空间。

1. 德性养成标准的不断提升

现代社会的充分发展，以市场经济为核心的社会形态要求社会关系能满足它的运行需要。市场经济的运行需要交易的主体必须具有独立自主的人格，人与人之间的关系是平等的。随之而来的是整个社会的各个相关部分要发生改变。另外，由于市场经济要求实现利益最大化，这样处在其中的个人的经济利益被重视起来。由于社会生活节奏不断加快，社会交往由

---

① 郭本禹：《道德认知发展与道德教育——柯尔伯格的理论与实践》，福建教育出版社1999年版，第90页。

第二章 德性养成的主体实践

狭隘有限变得宽阔和普遍，人们角色身份由基本不变转变为不断变换，社会生活格局由基本固定变为动态中稳定。

当市场经济充分发展时，社会中出现了多元文化价值观念。这些观念表现为利益各方的思想道德观念的冲突，由于在社会中的角色不同、地位不同，人们的人生观、价值观、道德观也随之发生了相应的变化。这些变化导致人际关系和社会生活很难依据人的道德修养来互相了解。传统社会中以道德修养的水平来判断人的标准发生了改变，用以维持社会秩序的各种道德规范也难以发挥应有的作用。

现代社会在运行的过程中，当道德对人的约束成为必要的条件时，外在的道德规范的价值就凸显出来，道德的规范作用就越来越受到重视，显然内在的德性价值有被降低的现象。规则的概念获得了更重要的中心地位，而德性概念则日渐被边缘化了。

众所周知，人类社会进入现代化是以第二产业的出现为标志，人类有了以大机器为主的社会生产方式。这标志着人类社会由传统的自然农业经济向现代化的工业经济的转变。与此同时，社会政治由封闭的、世袭的、神学化的形态开始走向开放自由的民主政治。社会的政治结构也向自由开放的、世俗的社会文化转变。

从道德文化后果来看，这种社会整体结构性的转换和发展进步，必然带来为了适应现代社会化大生产所产生的社会功利和秩序的规范和要求。人类的道德就如黑格尔所说的那样，社会性的群体德性正在代替一种个人的德性、具有普遍合理性意义的"伦理"。社会发展需要超越传统德性伦理。这也是现代社会之所以特别强调规范、秩序的根本原因所在。民主与法制必然成为维系社会正常运转的重要源动力。当然现代德性的发展也必然转向寻求更高标准、更具有普遍合理性规范上来。

2. 德性养成面临的挑战

在现代社会，道德以善恶为评价行为的标准，在市场经济社会，从道德与社会的变化可以看出，依靠传统道德、习惯、内心善念和社会舆论的力量来调整人与人之间的相互关系的社会规范已经不再具有约束力。作为个人修养的意义上的道德也越来越被忽视。

德性的存在需要人们不断地用积极态度来坚持，这对增强人内心的道德约束力以及道德信念得以坚持有着至关重要的作用。个人的德性保持与发展，需要有相对稳定的人际关系环境。只有在相对稳定的环境中才能使德性的发展获得一个持续生长的土壤。人与人之间的信任和了解，有助于德性形成与坚守。然而随着社会的市场化、现代化，这种稳定变得越来越难以实现了。有人慨叹世风日下、道德滑坡、理想迷失。其实这种滑坡主要是从德性意义上来讲的。当然所谓的道德滑坡现象的存在，说明了道德本身的产生是与既有的社会状况相联系的，是为人类生存与发展服务的。它也会随着人类生存的社会历史条件发生变化而变化。

德性以实践精神来掌握世界和改造世界，随着人类社会的变化和发展，道德所包含的内容也会随着变化发展。麦金泰尔等西方学者关注到了社会道德资源的沦丧。这种沦丧已经给社会带来的巨大的损失与负面影响，却没有有效的办法来解决这一问题。德性地位的边缘化与没落的现象提示我们要在理论和实践的层面上对德性加以关注。这也是现代德性生活的时代要求和呼唤。

三、德性养成的德行实践

接受获取德性养成标准，并按这一标准进行德行的实践，再将德行实践的结果与德性的标准做对照，评判结果是否符合标准，这是一个完整的理行合一的过程，是德性养成与德行实践的统一。

（一）德性的行为外显

1. 德性的行为特征

德性的行为外显，指个体有何种内在德性就会表现出与之相一致的外部行为。德性常以外在的行为表现出来。可以说德性具有实践品格，这种实践品格又使得德性注定要以个体的行为实践的形式表现出来。德性在外在行为中得以验证，同时又在外化中得以展现其社会功能，是包括道德选择、交往、评价及行为等具有实践特性的道德活动在内的现实行动过程。实践是理论见之于实际、内在转化为外在的唯一手段，实践使个体品德这种内在德性转化为外在实际道德行为的唯一实现方式。

德性只有转化为德行才有实际意义。德性是一种内在的品质，其主观内隐的特性使人无法验证它的形成与存在，只有转化为客观实际行为——

第二章 德性养成的主体实践

德行，才有现实的可检性。"德性"如果仅仅停留于德性的内隐状态，便不会与社会现实发生联系，不会对现实生活具有任何积极影响。内在的德性只有外化为实在的良好的德行，才会对现实的道德世界产生实际而积极的意义。

德性作为行动的指南，为其颁布"命令"提供方向和指南。可以说，德性的个体的外在实践应该是个体的自律行为。而出自德性的自律实践，意味着践行主体的内在自觉与自愿。若没有这种内在的自觉与自愿，外化出来的行为也只能是随意的或者是被强迫的行为。从表面上看这种外化的行为可能与德性的某些要求是相一致的，符合了德性的某些本质特征，然而由于没有内在的自律性，同时又不是出自德性本身的自觉自愿，因而我们不能称之为是真正意义上的德性行为。德性的行为一定是自觉的行为。

德性活动的特征就在于，它是基于个人对他人、对社会道德关系的自觉认识基础上的一种自觉选择，是人们在一定的道德意志支配下，在不同的道德准则或善恶冲突之间所做的自觉自愿的抉择。在现实生活中，我们为之敬仰和追求的人生价值和理想，以及荣誉、尊严等，都是在人的德性选择活动中才得以实现的。①

2. 法对德性主体的规范

社会中的各种规范要求、法律制度都带有明显的他律性的特征。但是这种靠强制力量来践行的规范制度虽然可能造就某些表面合乎德性要求的行为，然而却不能让道德行为的主体从内心真正地接受这些规范，同样也就难以造就具有内在德性的、自律的道德主体。

一个社会的制度伦理建设是重要的，这种对外在约束力的强调是道德建设中最基本的要求。因为这些是维护社会存在与发展的基本道德的规范和各种制度，是对人的一种强制和约束。当人没有真正地理解它、接受它时，也就意味着人还没有成为真正的内心自由的道德主体，也还没有真正地形成内在于人的德性。某些合于道德却又并非出于道德的行为常常是在外在的强制力的作用之下得以出现。

3. 德性的能动性

德性很大程度上体现了个体的能动性品质。个体若能够自主地进行选

---

① 陈根法：《德性论》，上海人民出版社2004年版，第58页。

择、判断,并依照自身的真正意思做出正确的行为,那么这种行为的出现与德性所具有的能动性品质密不可分。当没有外在的规范、制度、法律的强制约束的情况之下,或在既有的规范、制度、法律无法再适应人的社会生活时,个体所拥有的稳定的、基本的德性也可能帮助个体能动地寻求和实现其应有的道德价值。可以说德性在一定程度上能够超越既有的制度、规范以及法律体系,持续不断地发挥其特有的作用。

正因为德性具有上述特质,它超越了既有的道德的制度、规范成为更为高级的伦理,帮助人提升其道德境界,同时又能有利于人自由的、全面的发展。当人的道德品质德性化时,才会造就高于制度伦理的德性伦理。道德的产生源自人的需要,它是人的道德,同时也是为人的道德。因而只有追求更高层次德性内在需要的精神世界的建设,才是道德建设所要达到的更为根本的目标。另外,人不仅是外在于道德的客体,人更应该成为道德的主体。这也要求道德建设有必要从制度规范走向德性伦理的自我养成。

4. 德性的不断发展

人的德行实现与品德建构不是固定不变的。它是内、外双方的相互作用的过程。而在这个过程中各种因素会不断整合和平衡,构成了一个矛盾运动过程。个体品德建构是一个不断变化、发展的过程。这个过程也是一个由"德知"到"德性"的发展过程。外部影响因素与个体内部因素常常处于一个动态的平衡的状态,这种平衡与稳定不是一成不变的。

这种相对稳定的内部道德环境与外部环境之间的动态平衡,也会受到新的外部影响,使新的道德认知得以产生,同时也会产生新的矛盾和新的不平衡。在这种平衡与不平衡的转化当中,新的"内部道德环境"取代了原有的"内部道德环境"。品德的形成、发展过程就是个体内部道德的环境同外部德育影响之间的平衡不断被打破而使新的平衡不断产生的过程。

(二) 德行向德性的内化

1. 德性养成的内在根据

德性是个体内在的、一种相对稳定的身心组成的要素。而个体德性的生成不可能用简单灌输的方法将人们认同的道德品质移植给个体,使其成为个体稳定的身心组成部分。当然我们也不可能将某种外在因素输入个体

第二章 德性养成的主体实践

后使其自动成为稳定的、内在的品德。外部影响通过内在因素起作用是个体德性建构过程的重要特点。德性的建构要遵循外部环境与内部机制良性互动的规律。它是促进个体品德形成与发展必须要考虑的。个体德性的形成与外部影响是分不开的,但这种外部影响往往通过主体内部转化机制起作用。外在利益的竞争是社会发展的一个推动因素,内在利益的获得才是人提升的重要源泉。外在利益的诱惑常会导致人的内在利益的丢失,使个体容易忽略自身的全面和谐发展,这对整个社会的发展是极为有害的,也不利于整个社会的全面整体的提高,导致社会单向发展。

马克思主义认为,任何事物的发展变化总要受到周围事物的制约和影响。但是外因是变化的条件,机遇只有当外因与内因相结合,通过内因的变化才能对事物的发展变化起到作用。因而,德性的养成与外部环境的影响分不开,但是它只是德性生成的重要条件之一,而最终必须通过个体内在机制的作用才能有明确的效果。柯尔伯格在研究儿童的道德发展阶段时谈到,"只有具备一定的逻辑推理能力,个体的道德发展才具有可能性"。[①]这意味着个人的内在成熟对人的德性形成起着至关重要的作用。

2. 德性即在德行

德性即在德行意味着德性要通过相应的德行得以展现。德性的根本目的在于成人,而德性形成的过程就是个人所具有的心性、品德不断完善的过程,而这个过程也是个体主动地努力完善自身的实践过程。亚里士多德认为"最高善就是最完满的德性实现活动",[②]他主张个体德性要在实践活动得以展现,而不要单纯追求个人内心的完美道德。德性在实践活动中显现出来,而合乎德性的实践活动也会给人带来内在的愉悦。当人在特定的情境中理性地做出自己行动的决定时,它一方面要体现该行动的社会价值,另一方面又体现个体在此基础上的"个人发展",最终成为外在价值在人自身内化的过程。德性的形成要遵从其所在的社会和文化中的规则,之后经由个人的权衡、判断,最终做出决定来指导自身的行动。因而它是

---

① 郭本禹:《道德认知发展与道德教育——柯尔伯格的理论与实践》,福建教育出版社1999年版,第90页。
② [古希腊]亚里士多德:《尼各马科伦理学》,苗力田译,中国社会科学出版社1999年版,第34页。

理性的,经过深思熟虑的。

(三) 德性与德行的互化

人既不会简单地受外部环境的控制,也不会被动地接受自身所拥有的内在力量的驱使。

1. 德性内在的要求

所谓"德行",即德性行为,"有德之行",又称为"实践性德性",是德性的外化与自正。德性向德行的转化如果说"理论"只有内化为德性,且又能指导主体实践的话,那么德性转化为德行才有实际意义。如果仅仅停于德性便不会与社会现实发生联系,就不会对现实生活具有任何积极影响。内在的德性只有外化为良好的德行,才会对现实的道德世界产生实际而积极的意义。由德性向德行的转化过程中,道德实践可谓是德性外化为德行"行善过程",是理论化德性的外在标志。德性转化为德行是德性的内在要求。

德性行为具有自知性。主体对自己的行为有一定的自识,行为不是无意识的结果,对自己的行所产生的德性价值有一定的自觉,对行为手段的选择受一定意识的支配。如果一个人的德行完全不是自我德性意识的结果,不管其行为的结果怎样,都不能视为德性行为。德行具有自主性。指德性主体行为的选择是自由的结果,而不是受他人或其他外在力量控制的结果,它应是完全出于德性主体意志的自决和自愿。这种自主性,不仅体现在行为的选择之初,而且体现在行为实施的整个过程中;不仅体现在德性行为计划的制订上,而且体现在德性行为手段的选择上;不仅体现在行为动机的确立上,而且体现在行为效果的预期上。德性行为的自主性说明,如果德性主体的行为是受到了外来压力的强迫,而非出自个人的主观意愿,则不管其行为的效果如何,也都不是真正意义上的德行。

2. 德行向善的要求

德性对行为的制约不仅仅体现于善的定向,而且表现在赋予行为以独特的道德意义。它已不仅仅表现为合乎规范或遵循规范,而是出于主体内在的德性,体现了主体的德性要追求高尚的人格境界,显示德性的内在力量。因此,不能满足于对规范和制度的遵守、没有对社会造成危害,而是

第二章 德性养成的主体实践

以社会的文化价值的确认为前提，实现主体的高尚和伟大。

以德性为内在根据，道德行为不仅仅呈现自觉的向度，而且表现出自然的向度。只有当德行不仅自觉自愿，且同时又出乎自然，才能使行为摆脱人为的强制而真正取得自律的形式。相对于单纯的自觉或自愿，自觉、自愿与自然的统一无疑是一种更高的行为境界。

论德性养成

第三章 德性养成的误区

市场经济给中国社会带来的变化是巨大而深刻的,从物质到制度再到精神,从交往方式到思维方式再到人的精神价值世界,市场经济的影响渗入社会生活与人的生存的方方面面。它带来的精神文化与价值观念的变迁是撕裂性的、釜底抽薪式的,不断冲击传统人伦观念与秩序。人们的道德立场、道德原则和道德价值的选择失去了客观普遍的依据,变成了个人意志的一种主观产物;道德言辞、道德判断的运用主要是个人情感和个人好恶的表达;传统意义的德性已经发生了变化,由外在的功利和规则代替德性而占据了社会生活的中心位置,德性则退居到生活的边缘,表现为人们德性的迷失。

一、德性的迷失

道德迷失的根本原因是什么?作为社会的人,人是一种意义的存在。当人们只要保持他的存在时,都在力图做到与他人和谐相处,并朝着一致的目标——真善美而努力,此时追求全体社会成员的社会价值就变成了每个人的自觉。"由此可见,凡受理性指导的人,亦即以理性作指针而寻求自己的利益的人,他们所追求的东西,也即是他们为别人而追求的东西。"[1]

另外,人的道德缺失不是物质本身带来的,而是人们为满足个人的享受,过度追求物质引起的。亚当·斯密曾指出人的利己性造成了对物质与利益的疯狂追求。恩格斯与黑格尔也都曾指出,不是善而是"恶"推动着社会的进步。"人有遵守道德的天然心理倾向,所以要做的是引导,不必是某种强制。"[2]

---

[1] [荷]斯宾诺莎:《伦理学》,贺麟译,商务印书馆1997年版,第184页。
[2] 吕林、路永照:《德性的缺失与重构》,载《理论月刊》2011年第10期。

所以，道德迷失是教育的缺失，是法治的低能，是公平的失衡，是生命的威胁，是冲突的爆发。德性的养成与德行实践的误区常常表现为：德性教化的缺失与教化的落后；主体德性偏离道德的规范与约束；德性与德行的分离；主体迷失道德理想等。

（一）德性修养的缺失

主体德性修养的缺失是人们的道德立场、道德原则和道德价值的选择失去了客观普遍的依据，改变了个人意志的一种主观产物。德性作为道德主体内在的道德法庭，是行善的意向、知善的能力和对善的情感认同的统一。作为道德主体自觉意识到的自我对他人或社会的道德责任感，作为对行为善与恶的自我评价形式，德性在道德行为中的特殊作用，集中表现为"行善"和"抑制"的内在心理控制机制。德性不仅对已成恶果的个人行为进行谴责，而且抑制邪恶于萌动之中。

1. 道德认知的缺失

道德认知的欠缺导致不道德后果。首先，认知是道德行为的观念起点。认知包括对自然与社会的真理性认知和对道德价值的认知，认知是认同的前提。由于现代社会巨大的非日常生活结构是按照知识原则组织运转的，因此人必须认清事物的本质，以及相互之间的联系，才有可能认识何为善、何为恶，因为善恶始终是一种关系判断。

当代社会，标示个人自我之规定性的一个重要方面乃是"权利—义务"的特殊平衡关系，亦即有一份权利便尽一份义务。但问题恰恰在于，一个人的道德品质或德性（行为）原本并不依傍于相应的权利，德性原本也不是一种权利，而仅仅只是以义务的形式出现。① 在这种情况下，那种在传统社会中为人们所珍视的诸如慷慨大方、乐于助人、仁慈友善等道德品质，在当代社会，便不再是人之为人所当尽的义务，而仅仅成为现代社会中公民手里可以斟酌决定的自由选择权。的确，在现代社会，道德的认知来自于文化的浸润，来自于学校的学习，社会的影响。重要的是来自主体的自我建构。

---

① Onora O'Nell, *Towards Justice and Virtue-A collective account of practical reasoning*, Cambridgeshire: amidge University Press, 1996. p. 139.

2. 社会公德的失落

随着现代化的推进、工业社会的到来、商品经济的出现，人们逐渐摆脱了原始社会的血缘和地缘关系以及古代社会的种种人身依附关系，确立了"以物的依赖性为基础的个人独立性"。资本主义的商品经济，客观上成了普遍的社会物质交换关系，并以之代替了人对自然和他人的被动依赖，使个人从群体中分化出来，确立了个人的独立身份，人的个性得到张扬；同时，市场经济也驱动着个人对利益的最大追求。由此，以物的依赖性为基础的人的独立性开始确立，人变成了一个追求经济利益的"孤立个体"。在人类发展的这一阶段，个人成为"单子式存在"，人与人之间不存在任何内在的共通的联系，这也是资本主义市场经济所呼唤的"自由人"。在这种"单子式"个人看来，道德就是自己利益的最大维护，就是对自己利益的认可、满足和享受。由于放弃了人与人之间的共同利益，使人走向利益对立、分争的豺狼关系，社会只能通过某种契约关系，通过建立特定的制度、惩罚的手段，维护着人与人之间的关系。此时，在道德的价值取向上，个体德性凸显，社会公德失落。

3. 理想信仰的缺失

在日常生活中道德缺失的现象比比皆是。例如，中国人外出旅游，在住宿酒店内大声喧哗，在旅游景点或广场乱扔垃圾，随地大小便，甚至破坏花草树木和公共设施等，常有耳闻。而在精神层面，它表现为信仰的危机。中国没有信仰的人很多，他们天不怕地不怕，什么话都敢说，什么动物肉都敢吃，没有什么忌讳。一个人没有信仰，常常会做事没有底线。维特根斯坦说："信仰是我的心灵、我的灵魂所需要的，而不是我的远见卓识所需要的。并不是我的抽象的头脑必须得到拯救，而是我的具有情感的、似乎有血有肉的灵魂必须得到拯救。"[①] 没有信仰的民族是最可怕的民族。

伟大的德国作家歌德认为："世界历史的唯一真正主题是信仰与不信仰的冲突。所有信仰占统治地位的时代，对当代人和后代人都是光辉灿

[①] ［英］维特根斯坦：《文化和价值》，黄正东、唐少杰译，清华大学出版社1987年版，第47页。

烂、意气奋发和硕果累累的。"① 信仰可以赋予人精神自主的权力。当人有了信仰，就有了支持自身存在的意义和价值的支柱。然而，在社会中，我们也常常会忽视它对社会发展所起的作用。信仰会令社会成员充满斗志地参与到社会建设中去。在这个意义上，可以说，信仰决定了一个社会文明和繁荣的水平与程度。

马克思曾经说道："人处于这种不自觉而又没有信仰的状态，精神上会感到空虚，他对真理、理性和大自然必然感到失望。"在当今的社会里有着很多的急躁和功利主义。人们都在焦虑中为道德的重建寻找着出路。

（二）主体德行的扭曲

由于人与自然关系的失衡，人与人关系的异化，导致了人对其本身的认识陷入误区，进而在实际的生产生活中德性行为的扭曲与变态。当人类对外部界限和内部结构的认识出现偏差进入误区的时候，人对自身的行为也必然进入误区。人包括内在和外在两部分，只有外在和内在的统一才构成一个完整的人。而今天，"我"在表面上虽然存在，但其内在的自我丢失了，因此，迷失自我使人类的安居成了问题，失去了安身立命之所，就是人类在自觉之后又陷入自我迷失的境况。

全然受制于规范等外力却不能内化为主体自律的德性，会难知善恶、分美丑。由此我们也可以看出德性构建有多么重要。然而如果德性不能得到社会伦理氛围的支撑，不能以现实的形式表现出来时，于整个社会来讲也是无意义的。这足以证明要以德性化为德行之重要。所以，德性系统始终作为中介关联着规范和德行。当行为出自德性之时，行为主体的表现是自身高尚品质的一种自然流露。在德性的作用下作为同一主体的不同存在形态，知当然与行当然获得了内在的统一性。但道德实践往往在许多道德情境中，德性主体对道德困境也无能为力。

1. 知善与行善的不对等

从理论上讲，主体的德性能够作为一般行为规范有效实践的内在保证。然而从道德实践所产生的具体道德情境来看，道德观念变成道德行为还不是必然的过程。知善与行善中间有赖于德行的选择，但还不完全取决

---

① 王新维：《新时代对于信仰的解读》，载《华人时刊旬刊》2014年第6期。

于、基于人自律。善行常常发生在特定的道德情境中,它与当时的道德情境、社会伦理秩序的支持、个人对所处道德情境中利害关系的判断以及随之而来产生的道德情感有着密切的关系。因此,即使是优良的德性,也未必能在任何的道德实践中都有相应的道德行为。而德性低下的人,也未必不能做出某些高尚的道德行为来。

作为一种实践活动,道德行为的选择与出现不是单纯地在内在德性上的善与恶的取舍,而是主体依据复杂的实践情境和个人利益得失所做出的判断的过程。在市场经济的运行当中,有必要将人的合理的价值需要提升为主导的价值观念之一。人们的价值追求的合理性需要得到认可,而且对这种合理性需要的认可将有助于激励人德性的稳定。

总之,一个社会的秩序的稳定需要建构德性和一般的社会规范。而当人的行为被社会要求达到一定程度的高尚时,离不开内在德性为外在德行指路。"现代道德自我的建构所面临的课题,一是如何安顿自己的生命秩序;二是如何把个体的生命秩序与社会的生活秩序相契合,达到个体道德与社会伦理的合理实现。"① 因此,由规范到德性再到德行这一动态的伦理道德体系,体现了社会秩序所具有的制约性,也体现了道德主体之德性的建构,更体现了主体化德性是作为德行的一种集合力的存在。

2. 外部因素对德行的影响

德行的出现具有明显的情境性,同时它也具有倾向性。德行在产生的过程中要受到外部情境因素的影响,因而某种道德行为的出现可因情境中影响因素的不同而产生不同的表现,可以说它具有不稳定性。而德性则是内部已经形成的相对稳定的德性心理结构,其倾向性也具有相对稳定的特点。由于产生德性与德行的影响因素千差万别,使得德性与德行反映在不同的主体身上的结果是不同的。这与他们对实际情境以及各种利益的权衡有关。台湾学者欧阳教系统地提出了八种关系:"知善之当行而行、知善之当行而不行、知不善之不当行而不行、知不善之不当行而行、不知善之不当行而行、不知善之当行而不行、不知不善之不当行而行、不知不善之不当行而不行。"② 可以说在道德活动所发生的某些特定的情境中,道德主

---

① 樊浩:《伦理精神的价值生态》,中国社会科学出版社2001年版,第23页。
② 欧阳教:《德育原理》,文景出版社1988年版,第204页。

体的行为会出现与其内在的德性相悖的情况，也就是说不是有内在的德性就一定有相应的德性行为稳定地出现。

（三）德性与德行的分离

在主体的德化过程中，最为明显的表现就是使内在的德性转化为具体的德行，在道德生活的实践方式中体证主体自身的德性。

1. 德性的自我迷失

德性具有成就自我、不断追求完美的特点。它表现为一种向善、为善的意向。个体要将自身放到社会中才能获得相应的价值确认。人类社会的最终目标是实现人的自我发展、自我完善。个体作为现实社会的主体，其道德追寻的方向也是向"善"的。个体道德选择的终极目的就是个体的自由。但是仅仅具有良好的愿望，具有知善的能力，不在实践中行善，只能是水中捞月或望洋兴叹。

只有个体的自由才能实现人的全面发展。德性之于个体并不是一种外在异己的约束力，它是人的内在需要。德性只有外化为德行，才能实现自己的个人价值、社会价值，在实践中不断提高自己的境界和修养水平。德性实践是德性主体的内在需要。

然而在当下社会，人的自我很容易迷失在纷繁复杂的各种诱惑中。人的道德也日趋多样化和复杂化。道德在人们心中渐渐失去了标准。当"善"和"恶"被从不同角度、不同领域来理解时，就有了不同的认可标准。社会秩序的统一性受到了极大的威胁，开始呈现出混乱状态。倡导和谐社会的建设，就是要将德性与德行紧密结合起来。

在公德与私德的矛盾中，有的人丧失了公德；在情与法中，偏向了人情；在需要挺身而出时，沉默无语，良知丧尽。为了利益，近年出现的"三鹿奶粉事件""小悦悦事件""长春抢劫出租车杀死婴儿事件""幼儿园虐童事件"等，触目惊心。人们不禁要问，德性哪里去了？难道经济的发展，人们对经济的利益追求，必须以道德的失落为代价吗？

2. 德行外在支持的不足

在实践中德行受到两个因素的直接影响：其一，是德性内在相对稳定的结构因素。它是决定德行的内在源动力。其二，是影响德行产生的不稳定的外在情境因素。它在很大程度上影响着德行的外在表现的稳定性。德性外化为德行取得实实在在的效果,其关键就在于用适当的补偿来激励为主流社会意识所倡导的道德行为付出代价的德性主体,并最终形成促进高尚的德行产生的支持体系与氛围。

社会的舆论与社会精神倡导是非常重要的外在力量,充斥在部分年轻人思想中的是追求"白、富、美"或"高、富、帅",享乐怕吃苦。电视里上演的有钱的父母、宽敞的别墅、高级的轿车,这些会丧失年轻人的斗志,必须大力倡导社会主义现代化建设核心价值观,宣传新时代的雷锋精神。这样才能为德行提供正能量。

3. 德行实践的盲目性

人类实践在进行着合目的的客体改造活动的同时,随着人的本质力量的对象化,就有可能使这种对象化了的本质力量脱离主体的控制。它反映了自然规律与自然力量对人类实践的回应与抗拒,反映了人与自然的内在张力,根源于当代主体力量的强大和对这种强大的主体力量不恰当运用的内在矛盾性。当代人类拥有强大的技术手段和空前的实践规模,与此不相适应,人类在经济、政治、文化、意识形态和价值观念等方面,存在着极其深刻的矛盾和分裂。人类难以有效地协调和约束自己的行为。

当代人类关于人与自然关系的不合理价值观念,导致了片面强调人的欲望与需要的当然合理性。这种单向度地理解人类与自然关系的价值观念,使人类对改造自然的认识发生错位,片面认为自然就是人们征服、统治的对象。人类因此把自然置于对立的地位,为满足自己的需要和欲望而不顾对自然的破坏。当代人类面临的生态危机、能源危机、资源危机、大气污染、水土污染等,都与人类无视自然的自为价值有着深刻的关联。

限制和减少人类实践的反主体效应,只有通过改变与当代实践的技术基础、规模不相适应的主体状态、价值观念、行为模式,警醒人类实践对自然与人自身的消极后果,造就具有高度责任感以及科学精神与人文精神交融的实践主体,合理确立实践目标,有效控制实践过程,科学反思与评价实践价值。唯其如此,人类才能赢得充满希望的未来。

二、市场经济条件下德性养成的困境

我国市场经济的不断发展,也带来整个社会价值观的多元与道德的丧

第三章 德性养成的误区

失。越来越多的人把经济利益看作衡量一个人幸福的唯一尺度,把金钱视为人生追求的目标,享乐主义盛行。把对物质利益的追求当作人们行动的直接动力。追求个人幸福、享乐成为普遍追求的目标,德性的约束力在人们行动和生活中的作用不断下降。中华民族传统美德日益淡化,雷锋精神、无私奉献精神正在逐渐消失,整个社会被经济利益最大化消解,人的道德良知在消失,道德冷漠在社会生活中蔓延,丑恶行为已经达到了使人见怪不怪的地步,导致整个社会道德的约束力大大下降。

(一) 工具理性的膨胀

工具理性概念是马克斯·韦伯提出的形式理性观念中涉及的定义。按照乔治·瑞泽尔的概括,韦伯的形式理性具有四个维度:"效率、可预测性、重视量而不是质、通过运用非人的技术代替人性的技术来加强控制。"形式理性有可能导致理性活动中的非理性,表现为以下几个方面:第一,"效率意味着不管达到什么目的都要寻求最佳的途径";第二,"可预测性意味着存在一个没有意外的世界";第三,"理性系统更强调的是量而不是质,并且强调的通常是数目大的量";第四,"这种形式合理的系统带来的是不同层次的非合理性"。①

工具理性主张尊重客观事实,探究事物发展的客观规律,是一种人的"自我利益的理性"。强调物质的、眼前的、可见的利益,引导人们重视和追求现实的利益。用这种可计算可衡量的标准,看待问题工具理性的膨胀,又反过来使得人的各种活动异化,使人们陷入不断被异化的怪圈而不能自拔。人不断地把别人作为工具和手段,又不断地被作为工具和手段。人的目的性丧失,价值理性失落。

1. 追求经济利益片面化

在中国的市场经济发展过程中,出现过"以经济建设为中心""经济决定一切"的时期,用经济发展评价政绩,忽视了道德建设,结果客观上造成了很多官员的堕落、贪污和腐败,使国家遭受重大经济损失,降低了党在广大人民群众心目中的领导威信;追求经济利益最大化,破坏了生态

---

① 杨乐强:《西方马克思主义语境中工具理性与现代性的关系探析》,载《国外社会科学》2010 年第 5 期。

平衡、污染了环境；追求经济高速增长，限制了经济的可持续发展。以经济为中心压倒了一切，使得道德失去了其应有的调节作用。

在资本主义市场经济中，只有在德性约束下的市场经济，才能保证资本主义的真正内涵。这是资本主义市场经济的发展应遵循的基本道德原则。社会主义市场经济尽管与资本主义市场经济在本质上不同，但是市场组成要素，基本运行模式大体是一致的，所以仍然要受到"经济冲动力"和"伦理冲动力"的共同作用。为了避免"经济"一轮驱动，造成经济上去了道德下来了的现象，发展中国市场经济的同时，必须保留中国文化底蕴和内涵。

2. 经济与德性发展的不平衡

经济行为中合乎德性的行为，并不一定都是德性主体本身自觉自愿的，因为利益主体之间要遵守共同交换的原则。在这样的社会道德和法律效力下，人们进行着实践和交往。当一方违背或者凭借欺骗的手段获取了利益，对方又不知情，这样就会使一方铤而走险，获取最大利益。这样社会要求的德性就与德行产生了分离。

经济活动有些是合乎道德的行为，有些是不合乎道德行为的。不合乎道德的行为最终会阻碍经济的发展和社会的进步。人们不禁要问：经济发展，道德为什么没有发展而是出现了落后和滑坡？

3. 主体个性的消失

依据马克思对人类社会形态的发展的划分，第一阶段，人的依赖关系；第二阶段，以物的依赖性为基础；第三阶段，个人全面发展。

随着社会发展，科技进步，工具的革新，人对物的依赖表现得更为强烈。对物的依赖丧失了追求发展的动力，人本身的独立性渐渐弱化，对社会的依附更加明显。表现出对自然的无能为力，人的本能退化。

德性是主体内在的规定，工具化使得人为达到自己的目标，忽视他人，只为自己的利益着想，工具化也被理解为不劳而获，对工具的倾心代替了主观努力，主体被物化，人性缩小了，主体性淡化或者消失了，人的差异逐渐缩小。

社会的发展与进步，需要人的个性张扬而自由地发展，但是物化的工具化主体丧失了前进的动力，否认独特发展，并不是真正的平等，而是取消了人的个性发展。因此，经济越是发展，越要提倡人的创造性和能动性，使社会中的人各具特点，展示五彩斑斓的个性生活。

人是感情的动物，当人丧失了主体性和个性，被工具化、物化时，人为了追求利益的最大化，就会变成没有情感的、冷漠的工具，人成了异化的物。社会发展到一定阶段，由于利益的驱动、信息的不对等，人的工具性不可避免，所以，对人的工具性必须进行相应的德性约束与规范。①

（二）价值理性的迷失

工具理性和价值理性是德国思想家马克斯·韦伯提出的关于现代化理论的一对范畴。其中价值理性是指人们把自己的认识能力和知识用于追求终极的价值目标，是一种对人的价值的弘扬和人生意义的追求与关怀。

价值理性（Value Rational）也称实质理性（Substantive Rationality），即"通过有意识地对一个特定的行为——伦理的、美学的、宗教的或作任何其他阐释的——无条件的固有价值的纯粹信仰，不管是否取得成就"。也就是说，人们只赋予选定的行为以"绝对价值"，而不管它们是为了伦理的、美学的、宗教的，或者出于责任感、荣誉和忠诚等方面的目的。它是行为人注重行为本身所能代表的价值，即是否实现社会的公平、正义、忠诚、荣誉等，甚至不计较手段和后果，而不是看重所选择行为的结果。它所关注的是从某些具有实质的、特定的价值理念的角度来看行为的合理性。人类的价值理性在不断发展，为人的自由全面发展提供帮助。

1. 自身价值的迷失

在市场经济发展的今天，价值理性迷失，物质需要的满足成为人们竞相追逐的目标。但是人的全面发展，要求在物质极大丰富的同时，并不满足经济的增长，而要实现自身的价值。由于工具化，使人对物质利益的追求无限扩大，失去了德性本身的发展动力，出现经济增长而人的德性却停步不前，甚至倒退的现象，被物质的追求迷失了自身价值的追求。从个人生活对机械性的、格式化的、形式化方式的麻木认同到人的精神生活的"疯癫"；从个人利己享乐到对他者的冷漠；从消费性幻想、无度挥霍体验的痴狂到对新的技术手段和形式的依赖等，德性自身的价值迷失了。将人的生活方式、追寻的美德、伦理的和谐意义等都·化解、变形或使其性

---

① 易小明：《人的工具价值及其目的化处理》，载《天津社会科学》2006年第4期。

质发生改变。

现代社会的价值理性迷失是现代性危机在道德、伦理和价值等方面所表现出来的突出特征。它从深层次上反映了德性的窘境，因为这种价值迷失从根本上反映了现代性价值取向对人的生存价值、自由价值和解放价值的背离。

2. 社会生态失衡

当社会的经济发展到一定阶段，对物资的需要成为人的唯一目标时，人成为工具，对自然资源和物质的需求无限膨胀，社会生态失衡为我们展示的是一幅目不忍睹的场景。掠夺性的贪婪开发、种族隔阂与屠杀、不惜资源枯竭而进行的疯狂开采、吸毒贩毒、财富占有与人口比例的倒挂、以科技生存方式为主和以纯粹功利化为价值取向的人与人之间的交往、人际间情断义绝冷漠相视、为了获取蝇头小利不惜一切卑劣手段、异于传统的高技术所带来的虚拟化生活方式、克隆试验、转基因生产、黄毒泛滥等，都展示出现代与传统的道德断裂、颠覆。社会没有发展，导致人的贪婪、精神失落，而社会失去存在的基础，给人的自由全面发展带来障碍。

社会生态失衡隐藏着道德和教育各自的生态缺失。道德并不是一个独立的社会现象，它渗透到社会生活的各个方面。道德是来源于生活中的各种关系并体现在生活世界之中的，离开生活就会丧失生命力。而当代道德更多地表现为一种空洞无力的说教，很大程度上被理解成可以通过灌输获得的规范和原则，忽视甚至排斥具体社会经济文化等的发展影响，缺失其生态的基础。同样，教育亦渗透到社会生活的各个方面，其构成不仅包括智力因素，还包括非智力因素，德性养成就是其中一个重要的方面。但当代教育由于片面追求升学率或高层次，成为游离于道德之外的独立演绎的体系，从而失却了整体生态性特质。[①]

技术的进步，促进经济的发展，同时也带来负面的影响：环境污染、资源用尽、生态失衡、种族冲突、战争不断，等等。技术如果丧失理性的控制，就会出现价值理性的缺失，如果对技术理性不加以控制，可能某一天就会出现克隆的人，没有理性价值的保驾护航，人类将面临自毁的局

---

① 薛桂波：《试析学校道德教育的"生态失衡"》，载《教育理论与实践》2009 年第 11 期。

面。因此，工具与价值、感性与理性，永远都是德性不可或缺的两个方面。

"个人的发展、个人的自由，是所有发展形式的主要动力之一。"① 正如康德所说："你行动时，应该把人性，无论是在你自己身上或者是在另一个人身上，总是作为一个目的，而永远不能只作为一种手段来使用。"② 价值理性与工具理性是辩证统一的，不可偏废一方。价值理性指导工具理性发挥作用，工具理性为价值理性的发展提供基础和条件。

现代技术已不再仅仅是技术，而是一个整体。当今社会对技术行为以及它的目的理性化的加强和怂恿，已经使得技术理性成为理性中的佼佼者。正是这种现代性中的主导理性，从传统社会中人与技术、自然和社会的有机联系的整体中挣脱出来，从此，它不再属于人也不再顾及人之存在，而只是听从"征服"和"控制"等想象力的驱使。③

历史上某些国家曾倡导唯科学至上、唯技术至上、唯生产力至上，表面看似乎是取消了某种价值思考，但实质上如果科学技术的社会价值与人类的社会发展成反比，恰恰说明统治者制定方针政策的立足点偏离了人文目标，由此生产力发展的社会效应及前景必然偏离社会人文价值的提升。④

三、德性教化真实效应的缺乏

德性教化是对人的内在本质进行系统改造、培育和提升，使人在与外在环境相互作用过程中形成趋同于群体的稳定的情感气质，且能表现出人的本质存在状态，达到人与自我的同一性。但是，在社会的发展过程中，教化的形式方法的多样性，每个人德性的多样性，使得一些教化达不到应有的效果。

"教化"这一概念在中国古典文献中有着较为广泛的使用，其含义有：

---

① ［法］弗朗索瓦·佩鲁：《新发展观》，张宁、丰子义译，华夏出版社1987年版，第175页。
② ［加拿大］约翰·华特生：《康德哲学原著选读》，韦卓民译，华中师范大学出版社2000年版，第203页。
③ 李国俊、苏伟：《现代性伦理危机的三种根》，载《道德与文明》2010年第2期。
④ 魏小兰：《论价值理性与工具理性》，载《江西行政学院学报》2004年第2期。

第一，政化。许慎《说文解字》释教："上所施，下所效也。"① 即据上位的人的所作所为，居下位的人也会效仿。所谓"上行下效也"。第二，教育感化。教化主要指的不是知识性教育，而是指长期的习染过程。《礼·经解》曰："故礼之教化也微，其止邪也于未形。"这种习染的结果，就是教以化人。个人受到教化与未受教相比，虽然还是这个个体，却获得了深刻的转变。

（一）德性养成自我观念的缺失

人的两重性的生命本质体现在个体身上，自我也同样有了两重性规定，本能的"自我"与理性的自我。这二者同属自我统一体，处在经常的矛盾和冲突之中。

1. 自我养成意识的匮乏

人的自我生成、成长过程。在这个过程中，人不断地自我反思、不断地提高自我的精神境界，不断地提高自我创造、自我升华的自觉性。我国古代思想家孔子对此早就有其所论。他所强调的"真性情""真情实感"作为人之为人的基础，以及他对自己的描述（见《论语·为政》），合于人的发展本质，同我们今天的观点无疑有着异曲同工之妙。但是，市场经济的发展，对利益的追求，使得一些人丧失了自我，虚情假意，矫揉造作，不择手段。

人的"自我"不只表现为个体生命所创造的内在世界，更主要的是体现在他的事业和他所创造的外在世界。只有内在世界转化为外在世界、内在自我走向外在自我，自我的创造本质才能实现为现实价值，自我的有限生命才能进入永恒的类生命。②

然而我们的教育，长期以来重智育，轻德育，忽视个人的内在情感和体会，以统一标准来要求个性千姿百态的人，培养了千人一面的小绵羊，缺少创造和创新。教育迷失了方向，扼杀了个性。

---

① 焦锋等：《教育学基础与案例教程》，国防工业出版社2014年版，第2页。
② 高海清、胡海波、贺来：《人的"类生命"与"类哲学"》，吉林人民出版社1998年版，第401页。

2. 存在意义的缺失

市场经济的负面效应就是对人的物化,使人成为物质人、经济人,使人片面发展。市场经济对人的发展具有两重性:一方面,市场经济造就了人的自主和独立性;另一方面又容易形成物对人的主宰和奴役。利益最大化的追求是商品生产与交换的基本动机和原则,这就容易使人们走向对物质的过度追求,导致物欲主义膨胀,沦为物质的奴隶,成为马尔库塞笔下的"单向度的人",成了马克思笔下的"异化的人"。物化的直接后果便是人的整体性的丧失,人的片面化的发展失落了人生的一个重要方面,即精神世界。这意味着他(她)失去了向善、向美的动力,失去了追求总体的内在冲动,完全沉溺于外在的、表面的、物化的存在状态中,人在物质中迷失了自我,丧失了自我存在的本真意义。

3. 灌输式的德性教化

一个人并不是被教化记诵越多的道德规则,就越有德性。我们"要注意某些特定种类品格特征的独特性……它们是诸如言行一致,持之以恒,勇敢、果断、正直以及类似的特征。通常而言,这组品格特征与我们称作意志的东西密切相关"。① 也就是说德性的养成并不是仅仅依靠德知的灌输与教育就能得以实现的,还要落实在日常的生活实践中,与生命活动紧密结合在一起。

人在德性养成的过程中必然受到外部道德规范的制约,相应的德性教化有助于德性的形成。通过教化,个体的个别化的德性由于有了更多的德知,使个体德性状态上升为普遍性状态,获得了普遍意义上的善。

德性养成的过程中,教化会使自然的天性转化为成熟的人性。每一个经过道德教化的个体,无论在任何场合、任何条件下,都能以恰当的、合适的方式来表现出自己的情感、欲望,做到欲望合理、情感合适、行为得体,并能在追求善的过程中,体味到幸福与快乐。

(二) 德性教育内容的僵化

我国德育实践上无视人的需要、人的权利、人的发展的教育现象也在

---

① [荷] 彼得斯著:《道德发展与道德教育》,邬冬星译,浙江教育出版社2000年版,第99页。

一定程度存在，这种现象使培养人的德育走向了德育的反面：造就了异化的人、片面的人、依附性人格的人。

我国经历了政治的解放，经济、文化、社会等方面也发生了重大变化，人当然也发生了变化。但是我国此前实行的是计划经济体制和"一大二公"的公社制度，这种体制容不得人的独立自主性的发展，一切都要求统一，容不得不同的思想、意见、行为方式，个人缺乏自我独立人格，无需创造变化，人只需服从上级，"按上面的意思办"即可。在思想道德教育领域，新中国成立以来，"我国的德育还处于传统模式之中"，受教育者只能处于接受者被塑造者的客体地位，只能是一个灌满了各项道德规范、观念的容器，教育目的仍然是要求被教育者"被动服从"。教育中的非人性化倾向极大地抑制了人的主动性、自主性，以至于受过教育的人走进校门后，思想上的拘谨、被动的人格、依赖的性格使他们不能成为市场经济的弄潮儿，参与市场经济的完善和发展中。

1. 德性的教育内容的政治化

狭隘的、政治化的、理想化的道德知识成为德性教育的主要内容，作为德育教育的教师自己也难以实践的崇高道德、不信服的偏狭道德，怎么使学生信服和实践？这样的道德知识是无法对道德行为有积极作用的。这些道德知识是以社会出发点来选择的，脱离了学生的实际，故而与人产生隔膜。我们主张从人出发来组织道德知识体系。哪些道德知识对增进人的幸福、促进人的发展、使人走向完善和自由有帮助，就选择哪些知识。以人的发展为判断道德知识优劣的标准，这样选择出来的道德知识是以人为本的道德，自然就会得到人的认同、信服。

教育越来越远离人的心灵，追求、认识和把握外部物质世界成为道德教育的宗旨。这种道德教育不能让人们从人生的意义、生存的价值等根本问题上去认识和改变自己，也必然前提性地要抛弃塑造人自由心灵的那把神圣的尺度，把一切教育的无限目的都化解为谋取生存适应的有限目的。以至于本来对自己生存社会的纯正的爱，变成了对其他国家国民的憎恶或蔑视。本来是自己和社会共存的理念，不知不觉变质成为国家社会而牺牲了自己。面对人间惨剧，有不少人欢呼雀跃、围观、在互联网上发泄快感，都昭示了我们德育的失败，引起人本德育工作者的警醒：我们这些年来都给了他们什么道德知识？

德性教育摒弃人性的本质内涵。向受教育者所灌输的道德规范只是一种空洞的、抽象的行为规定，抽去了人性的本质内涵，不能体现人性的追求和需要。就实质而言，道德具有超越性的特征。道德教育的要旨不在于使受教育者接受一些既成的行为规范，而在于使他们理解道德，学习如何达到道德的理想。道德教育作为一种精神活动，最终所指向的必定是对现实的超越。仅仅通过一些既成的道德规范进行道德教育，无疑将价值的探求、意义的追寻和生活的向往均拒斥在道德教育的过程之外，使道德教育与生命、生活和生存世界的关系由多重和多义变为单义和单向度，无法实现对现实的本体性的超越，无法实现道德教育塑造真正自由的人的理想和目的。

2. 德性教育内容单一化

我国小学、初中、高中、大学思想教育的课程是德性教育的载体，教学内容具有明显的重复性、封闭性和单一性，使学生视野狭窄，知识片面。大学阶段的马克思主义理论课的内容与中学阶段重复，相当部分的学生在高中阶段学习过。中学阶段开设的马克思主义政治理论常识课，内容包括社会发展简史、马克思主义哲学常识、马克思主义政治经济学常识、马克思主义政治学常识等，而大学阶段的马克思主义理论教育正是对这些内容的系统展开。更为严重的是，中学阶段应试教育的方式，在很大程度上使马克思主义理论教育变成了教条化的知识点或概念灌输，中学阶段先入为主、似曾相识的印象必然导致大学阶段对马克思主义理论课的兴趣骤减。高校马克思主义理论教育课同样是枯燥乏味，学习仅仅是为了应付考试，很少有人投入精力去好好学习。从横向上看，马克思主义理论课各门课之间内容交叉重复。在纵向上内容重复的现象是马克思主义理论课一直没有解决的难题，也一直是马克思主义理论课改革的一项重要工作。

德育与智育相分离。即把道德教育过程等同于智育的认知过程，甚至以智育取代德育。真正的道德教育应该以人与人之间的理解为基础，是人理解人的教育。而以智育的方式所进行的德育往往以认知、形成概念、练习和记忆等为主要方法，难以建立人与人之间的真正交往，个体更难以通过自我意识的建构形成自身的德性。这种德育所培养出来的只能是"知识人"，"知识是表达他们发展状况的唯一'语言'，对于他们的发展水平和发展之优劣，知识拥有完全的发言权。知识被扩张为人性的全部，人性中

的其他部分,如伦理道德、审美情操等,则都被虚无化"。① 这无疑是一种背离生活世界的道德教育理念。

3. 法律规范的不健全

借助强有力的制度伦理有效地抑制不道德行为的发生,则人已经养成的德性才能得以存活下去。但是,法律和制度规范的不健全,使一些人钻法律和制度的空子,给国家和他人带来巨大的损失。虽然德性自我养成高于制度规范的约束,但是在市场经济的道德建设中,法律、制度规范又是必不可少的,它要先于德性的自我养成而存在。因而在德性养成的过程中,重视法律制度的完善是十分必要的。推动法律制度建设的渠道要尽快建立起来,相关部门要有所作为,监督部门要发挥作用。

当代中国的道德建设,也应当吸取发达国家的先进文明成果,致力于对发达国家先进文化以及传统道德文化的扬弃。发达国家的现代化因德性边缘化所导致的诸多严重问题,应该引发我们的深思。中国的社会主义现代化建设,不要以德性伦理的边缘化为代价,剔除其与现代化不相适应的因素,重塑德性伦理。使人成为真正的道德主体,使外在的法律规范、他律、公德化为内在的自觉、自律、自由,使道德真正成为人的道德。只有按照这样的思路进行道德建设,才能对个体的德性养成起到有价值的支持作用。

(三) 德性教育形式的教条化

德性教育形式在学校主要是依托思想政治教育课程的开设和少先队、团组织、学校学生会组织的各种活动来进行的。德性教育即德行教育,最终反映在德行上,因此,德性教育要与德行实践相结合,避免教条化。

1. 道德规范空洞的灌输

传统的学校德性教育剥离了人性内涵的道德规范的灌输,背离了人的主体性的德育过程、方法,脱离了发展人性、培养德的德育目的。这种传统的德育观不仅德实效低下,而且背离了德育的原初本质,结果只能培养出依附型、权威性人格。在今天,我们需要能自尊而且能自律、能自强而且能自立的独立的人;我们需要培养出既能伸张自己的权利,又能担当责

---

① 鲁洁:《道德教育的当代论》,人民出版社2005年版,第155页。

任的独立、自由的人。

学校的道德教育往往都是英雄的事例，缺少活生生的生活事例，让学生学习的榜样可望不可及。

道德教育崇高化向道德教育生活化转移，传播高尚道德是道德教育的永恒主题。但是，德育无意中又忽略了基本的生活层面，使道德榜样不能与现实生活、大众道德融合起来。而根植于广大群众的生活道德正是高尚道德的基础和源泉，没有大众化的道德，高尚道德是肤浅的，也不可能引领道德风尚。可以说，离开了生活就不可能滋养德性。我们希望编写德育教材的专家能深入学生的实际生活中，把学生生活中出现的典型事例写入教材，这样学生就不会感到德育教育总是脱离实际。

2. *道德学习的书本化*

我国学校长期的应试教育的考试内容来自书本，只要背下来，成绩就是优，不管行为实践是否符合道德要求。学生的心理远远滞后于生理成熟。他们一方面缺乏基本的道德是非观与自控力，另一方面又追逐新潮，喜欢标新立异；一方面自身价值观漂移不定，另一方面还喜好指点评价；一方面对于自身应当履行的义务、责任不是十分清晰，另一方面还要争自己的权利；一方面对于人生理想与价值的实现缺乏理性的认知与能力，另一方面又不十分情愿地承担自己策划人生之路的责任。更为重要的是，他们在学校的知识学习、理性建树、能力养成、人生发展路径的确定过程中，最为棘手的就是面对多元化的价值观，如何进行正确辨析与选择的问题。

因此，在学生的人生彷徨、德性可塑、德行不稳的前提下，如何引导他们选择合理的人生发展路径，如何确立稳定的德性品质，就成为大学在知识教学、技能训练、科学精神养成之外的另一项艰巨任务。

第四章 文化哲学视阈下的德性养成实践

德性养成既以个体的文化价值观念为内在根据，又展开为一个含多重内容的历史文化积淀过程。从内在的维度看，既有德性文化主体的文化自觉，又有德性主体的自我反思与德性主体的行为实践彼此交融；从外在的维度看，德性的养成在倡导社会核心价值观的同时，吸收优秀民族文化和世界先进文化的滋养，重构德性养成的教育模式，有效利用大众传媒方式等，建构现时代的德性，实现民族复兴的中国梦。

一、德性主体的文化自觉

所谓"文化自觉"，借用中国著名社会学家费孝通先生的观点，指生活在一定文化历史圈子的人对其文化有自知之明，并对其发展历程和未来有充分的认识。换言之，是文化的自我觉醒、自我反省、自我创建。费先生曾说："文化自觉是一个艰巨的过程，只有在认识自己的文化，理解并接触到多种文化的基建上，才有条件在这个正在形成的多元文化的世界里确立自己的位置，然后经过自主的适应，和其他文化一起，取长补短，共同建立一个有共同认可的基本秩序和一套多种文化都能和平共处、各抒所长、连手发展的共处原则。"费先生以他在八十岁生日所说的一句话——"各美其美，美人之美，美美与共，天下大同"作为"文化自觉"历程的概括。德性主体的文化自觉应该包含生命主体意识的确立、德性主体的自我反省和德性主体的行为实践三个因素。

主体意识的确立，从逻辑上讲，不仅指知晓行为规范的性质及要求，还包含着对道德情境的分析。一个人虽有行善之德，但对规范的性质及要求难以准确理解或对德行之情境判断失误，那么高尚的德性将可能事与愿违。

德性主体的自我反省，是指通过道德实践对道德行为比照所产生的内省能力。道德主体知道在什么具体情况下做出什么决定，知道什么决定是正当的决定。面临特定的道德情境，人们都有自己的道德意识。然而，只有在做出决定或选择的道德实践中，才可体现出主体的道德知性和道德悟性。

德性主体的行为实践，德性主体意识的内心觉醒状态，充分体现在道德主体角色及行为的自觉意识状态中：一是意识到我所扮演的社会角色，且按我理解的角色规范去选择行为；自我角色定位准确，并履行社会义务。二是意识到出自德性行为效果的意义和社会价值；具有社会责任担当。三是意识到自身行为的自我评价、社会评价意义，并意识到道德行为作用引起当下道德情境的变化；具有文化的判断、反思能力。

（一）德性主体自我意识的确立

文化世界本身就意味着人意识到了自我价值需要及外部世界对自我的价值和意义。人或人类并不是任何时候都能成为主体的，"只有在人们成为意识到的存在者和价值实现者时，才能成为价值主体。而这种意识到全部是从有意义的文化世界里获得的。"[1] 我们知道，文化世界及其全部的价值都是人创造出来的，都是人对外部世界价值思维的肯定形式。没有这种意识，就没有价值思维活动，任何文化也是无法创造出来的。人的主体性的表现，就是意识到自我的价值需要及外部世界对自我的价值和意义而进行的文化创造，就是主体与客体世界相分离。

1. 主体的文化意识

文化创造之初，就是人的价值意识发生之初，就是人意识到外部世界的价值及自我价值之始，就是人的主体意识发生之时，就是主体与客体世界分离之始。可以说，人的主体性是大众文化创造之初获得的。当然也只有人才能获得主体性，才能确立文化意识，任何其他生命形态都是不能进行这种文化创造的。

文化创造了一个有价值、有意义的客观文化世界，也创造了人自身，创造了人的意识，创造了人在文化世界中的主体地位。不管文化世界多么错综复杂，它所有的价值与功能，它的全部内涵及意义都是人所创造，都是人的价值思维的肯定形式。离开了人，离开了人的价值思维活动，一切

---

[1] 陈根法：《德性论》，上海人民出版社2004年版，第78页。

文化现象及其价值都不能够存在。

文化不仅满足人的心理，发挥人的潜能，而且能够发展人的价值感知能力和价值能力。社会作为一个有机体，就像任何生物一样有一种自我组织系统，有着自我调节、自我适应的能力；而文化不仅是社会自我组织系统的构成部分，而且对社会的自我调节、自我适应有发展或抑制的作用。一般来说社会文化处于上升阶段时，它的自我组织系统对价值信息的选择吸取是积极、主动、活跃的，价值目标也是明确的。

人的发展是由不自觉、不自由向自觉和自由发展的，而自觉和自由是以个体的主体性的不断发展为标志的。人类的历史就是不断获得自由、主体性不断加强的历史。社会关系的丰富就要产生道德关系的丰富，其结果是人的本质内涵的丰富，人的主体性进一步高扬。

文化认识的主体结构是客观存在的，不管人们是否意识到。文化认识必须要有已知的感性东西作为前提。海德格尔说："把某某东西作为某某东西加以解释，这在本质上是通过先行具有、先行见到与先行掌握来起作用的。解释从来不是对先行给定的东西所作的无前提的把握。任何解释工作之初都必然有这种先入之见，它作为随着解释就已经'设定了的'东西是先行给定了的，这就是说，是在先行具有、先行见到和先行掌握中先行给定了的。"①

人是文化的存在。这种客观存在意义上的先在的结构使我们有可能理解自己和我们生活其中的文化，参与文化的传承。首先，就要对自己有正确的认识和了解。关注社会的变迁和发展，学习政治文化、经济文化和制度文化；其次，在历史和现实的文化中把握自己和社会，了解社会的道德规范，提升自己的人生价值。

自从人创造了文化世界获得了文化价值意识之后，人的全部社会历史活动都是一种文化行为，并具有为后文化世界价值意识的先验的意向性。这种先验性并不是说人的文化价值观念是先天存在的，而是说这种价值意识和价值观念不是由当下社会的文化创造出来的，而是由先于他们的后文化世界建构起来、发展起来的，它包含着前人的文化价值意识。人在后文化世界中一旦获得了这种前文化意识与价值观念，就会在文化实践及价值

---

① 司马云杰：《文化主体论》，山东人民出版社1992年版，第11页。

思维判断和选择中表现为先验的意向性。

2. 主体文化的自觉创新

人作为文化存在物与社会存在物，是同时存在不可分的。

人是文化的存在物，在实践的活动中，建立了一个属于人的文化世界，人的知、情、信、意等因素构成了人的文化存在。这些内容都与人所处的社会和历史紧密相关，人所生活的社会是文化的存在。社会的文化存在是人的文化存在的基础。人的发展进步又促进了社会的发展，人与社会二者相辅相成，不可分割。

文化世界是人创造的。但当它的意义、价值与功能已经不能满足人的发展需要时，人就要改变旧有的文化，去创造新的文化。人的德性养成的过程，也总是在文化价值的选择中加入自身的反思与创造。

人类的发展不应脱离人类的文化，而人的文化活动不能没有文化的精神，人类在过去历史中，曾经对社会的经济、政治制度有着不懈的追求。在当今时代，这些追求都将在文化的追求中得到扬弃，超越社会、经济、政治领域而进入人类文化的层面，预示着人真正成为目的。这在人的文化观、人性观上都引起时代性的变革。这种变革是当代人从根本上解决文化问题、人性问题的文化前提。

（二）德性主体的自我反省

刘家和先生认为："所谓人类精神的觉醒，乃是指人类经过对自身存在的反省而达到的一种精神上的自觉。"① 可见，人的自觉也就是人类的精神觉醒。精神觉醒就是由感性认识上升到理性认识，这种理性认识又在以后的实践中不断深化，并且变得更加清晰、稳定、客观。达到精神觉醒，人类对自己在整体中的作用才有了客观的认识。通过这种认识才能选择正确的行为方式，才能更好地生存与发展。

1. 自我反省的本质

自我反省的本质是人的本能的保护性生理反射。通过反省人才能回观整体，才可以做出更好的选择，才能避免再次受到伤害。人脑的生理结构，使人类具有从外界环境中接收各种信息，并加以分析综合逐渐形成判

---

① 刘家和：《古代中国与世界》，武汉出版社1995年版，第573页。

断和选择的能力,还能把这种能力转化为自我意识。换句话说,一个人能对心理活动进行自我分析,从而"在社会实践中,区分'我'与'非我'的'自我'概念逐渐形成"。自我意识是区别人与动物的主要特征之一。"随着国家的出现,原来的部落界限被打破了,社会内部的阶级和阶层的结构也复杂起来,这就使有可能在更广阔和复杂的场面中来认识自己的内部结构。"[①] 这种对"自我意识"和"自己的内部结构"的认识也就是对人与自我关系的反省。

我们要通过自我反省,客观公正地看待周围世界,认识自我极端的严重性,纠正偏激的心态,认清心理扭曲对个人的危害,最终把握公正的原则,以仁爱的行为对待周围,以平和、友爱、宽容、公正的心态去获得自信和快乐。

2. 自我反省的维度

自我反省的表现主要体现在三个方面:人与自然关系的反省、人与人关系的反省和人与自我本身关系的反省。只有在这三方面的自我反省达到觉醒的程度后,才有达到人的自觉的可能。

人的自觉包括上述三个方面,并且这三个方面是有机统一的整体,三者共同构成人类的自觉内容。当人类还不能把自身从自然界中辨认出来的时候,不可能有对自身结构的认识;而当人类还不能认识自身的对外界限和内部结构的时候,当然也不可能有对自身本质或人性的反省。所以,我们说人类的自觉,就是指人类经过这三方面的反省达到的精神觉醒。

自我放纵的文化正逐渐为自我反省的文化观念取代;大群体的全球意识正逐步取代小群体的区域意识;同步时空观正逐步取代距离时空观;文化平等意识正逐步打破文化垄断意识;大众文化意识正逐渐动摇精英文化意识的传统地位;文化观念的横向传递正逐渐取代文化观念的传统的纵向传递观念。

文化自觉就是文化的自我觉醒、自我反省和自我创建。文化自觉是一个艰巨的过程,只有在认识自己的文化,理解并接触到多种文化的基础上,才有条件在这个正在形成的多元文化的世界里确立自己的位置,然后和其他文化一起,取长补短,共同建立一个有共同认可的基本秩序和一套

---

① 钱学森:《关于思维科学》,上海人民出版社 1986 年版,第 86 页。

第四章　文化哲学视阈下的德性养成实践

多种文化都能和平共处、各抒所长、共同发展的共处原则。

（三）德性主体的行为实践

德性主体的行为实践是德性养成的外化表现。在实践的不断深入过程中，反省当代人类实践活动的内在矛盾，合理规约人类的实践活动，减少和避免实践负效应，是当代人类面临的突出问题。

1. 实践空间的扩展

科技的进步，使当代人类实践作用和影响的对象，达到了前所未有的广度和深度。当代人类实践的范围和领域不仅远远超出历史的任何时候，而且正加速度地扩展和延伸着。当代人类实践作用的对象远远突破了地表范围，对自然的介入从宏观和微观两个层次延伸，介入方式从直接利用自然力和自然过程，进入转化自然力和自然过程为主要形式的阶段。

在人类历史上，人与自然是紧密联系的，自然界和人的活动是相互制约的。当代主体的实践大大地消解着自然对人类的束缚，为人类营造了较为丰富的人化世界，自然环境已经成为一个日益膨胀的复杂的人化系统。当代实践以倍速的发展势头在扩展和延伸着，形成对自然界的广泛深入，使自然已经不可能继续依靠自己的力量维持正常运行，实践介入已经成为自然运行中不可缺少的力量。

当代人类面对的自然界，已日益摆脱自在自然性，成为实践的产物，人类在逐渐洞悉了大自然的奥秘以后，日益改变自然运行的方向，使之发生合目的、合需要的变化。自然以一种改变了的方式发生作用，在越来越大的范围内被有意识地改变和调控。正是由于人的实践力量的加入，使得自然过程呈现出人化性，变化过程呈加速度趋势。

2. 科学实践观的确立

科学实践观是对世界的一种根本性看法。实践思维方式是我们认识问题和解决问题的根本方法。马克思主义认为，认识世界的目的在于改造世界，而改造世界就是为了满足人的需要，价值是人的认识所应把握的一种特定的关系，同时也是指引人们从事实践活动的动力因素和内在尺度。实践的本质决定了实践在人类生活中具有基础和根本的地位，实践构成了人类存在的基本方式，实践是人类生命的特殊运动形式。实践创造了人的基本特征。实践使人成为"社会存在物""有意识的类存在物"和"能动的自然存在物",创造出了人之为人的一切特征,把人类从动物界提升出来。实践是人类的特殊生命形式,即社会生命的运动形式。正是在实践过程中,人成为一种自我创造的主体性存在。

德性主体在生产实践、社会关系实践、精神文化创造实践中,发现每一个文明时代不仅有其赖以存在的经济基础,而且有覆盖全社会的实践价值观。实践价值观一旦形成,就具有相对的德性稳定性。

在社会主义建设时期,确立科学的实践观,我们可以更好地理解自身的本质,能在不同的实践活动中,把握好其中的社会关系,维护好这种社会关系,才能有助于实践活动更好地进行,最终达到人的自由而全面的发展;确立科学的实践观,是建立在人对自然的利用和自然对人的制约的双向关系中的。人对自然的利用取决于人的需要,自然对人的制约取决于自然本身的承受力,即自然规律。因此,在保证人的需要和自然规律的协调的条件下进行实践,对处理好当下人与自然的矛盾关系有重要意义;确立科学的实践观,有助于贯彻落实群众路线。人民群众是改造世界的历史的主体,马克思认为,"解释世界"是不够的,而是要在认识世界之后,把认识转变为对世界的有目的的改造,即实践。历史正是这种追求目的的人的实践活动,人民群众便是改造世界的历史的主体。

二、德性养成文化场域的再造

文化环境是德性养成的人造土壤,文化环境是可以再造的。全球思想文化交流交融交锋的时代到来,外来文化大量涌入,既给我们吸收借鉴世界文明成果带来机遇,也给我们的民族文化带来挑战。在这样的情况下,能不能把握先进文化的前进方向,促进主流文化发展壮大,维护我国文化安全和"文化主权",是亟须正视和回应的时代课题。

从历史上看,德性标准具有明显的时代特征,比如,在抗日战争期间,参军抗日就是爱国光荣。在新中国成立初期,勤俭、爱集体就是爱国光荣。如今,我国正处在改革开放的新时期,计划经济步入市场经济,外来文化不断涌入,冲击着原有的道德标准。一时间,精华与糟粕难辨。从国人的价值观、人生观的改变,似乎道德标准也在发生变化。在一些人的心里,有钱有名、住豪宅、开名车就是成功光荣;钱多名大,似乎就是对社会贡献大,甚至还可以被选为人大代表。现在的社会上,比爱国的少了,比勤俭节约的少了,比尊老爱幼的少了;比生活奢侈的多了,比谁霸气的多了,追求名利、拜金主义、制假售假、害人骗人、当官腐败、生活堕落的现象多了。在这种环境下,政府应该大力加强社会道德文化环境的建设,提倡公平,褒扬好人好事,加强正面宣传,教化引导民众,提高公民的道德素质,促进现代化建设的健康发展。

(一) 社会主义核心价值观的倡扬

核心价值观是任何一个社会都必不可少且居统治地位、起支配作用的价值准则。社会主义核心价值观是当代中国共同的价值规范和行为准则,是社会主义核心价值体系的内核和最高抽象,是社会主义制度的精神之魂。

价值多元化是由社会存在的多元化所决定和支配的。在社会转型的过程中,由于社会利益多样化的现实和多种社会思想文化的相互激荡,引发了人们在价值认识上的分歧。价值多元化对我国的社会主义核心价值体系建设有着不可忽视的影响,而明确社会主义核心价值观的主要内容已成为当务之急。社会主义核心价值观,更是适应中国特色社会主义建设新布局的现实需要。建设社会主义核心价值观,适应当前全面深化经济体制改革和加快转变经济发展方式的要求,适应中国特色社会主义政治发展道路的要求,适应我国现阶段社会主义先进文化建设以及提升文化软实力的要求,适应我国构建社会主义和谐社会的形势和要求,适应我国建设生态文明和美丽中国的要求,适应我国继续促进人类和平与发展的崇高事业的要求。

1. 社会主义核心价值观的认同

社会主义核心价值观就是坚持马克思主义指导思想,坚持中国特色社会主义共同理想,坚持以爱国主义为核心的民族精神和以改革创新为核心的时代精神,坚持社会主义荣辱观。十八大报告从三个层面对社会主义核心价值观做出凝练概括,即:在国家理想层面,倡导富强、民主、文明、和谐;在社会秩序层面,倡导自由、平等、公正、法治;在个人行为规范层面,倡导爱国、敬业、诚信、友善。富强是人民的理想,它可转化为前进的目标,还能凝聚人心,产生奋斗的动力。民主是智慧的源泉,没有民主提供的信息，就很难把握整体的信息，也就难以做出正确的选择。文明是社会进步的象征，也是人们生存土壤中的营养，建设新文明就是建设生存的新环境。和谐才能更好地生存与发展，失去和谐进步的航船就会搁浅。自由就是要摆脱进步的枷锁，破坏整体利益的个人自由是不能被社会或正义所允许的。平等是个体在整体中的正确定位，而不是博得同情以求取生存。公正是人的最高理想，它总是因为缺少智慧而难以实现。法治是时代的要求，是公正的代言。爱国是正确选择，不爱国就是不承认自己的生存环境。敬业是健康的选择，诚信是生存的智慧，友善是生存的技巧。

因此，要用中国梦和中国特色社会主义凝聚共识、汇聚力量，培育和践行社会主义核心价值观，加强爱国主义教育。实施哲学社会科学创新工程，发展文学艺术、新闻出版、广播影视、档案等事业。建设中国特色新型智库。加强文物和非物质文化遗产保护利用。深化群众性精神文明创建活动，倡导全民阅读，普及科学知识，弘扬科学精神，提高国民素质和社会文明程度。促进传统媒体与新兴媒体融合发展。培育健康网络文化。深化中外人文交流，加强国际传播能力建设。深化文化体制改革，引导公共文化资源向城乡基层倾斜，推动文化产业创新发展，繁荣文化市场，加强文化市场管理。

2. 民族精神和时代精神的倡扬

民族精神反映了长期的历史进程和积淀中形成的民族意识、民族文化、民族习俗、民族性格、民族信仰、民族宗教、民族价值观念和价值追求等共同特质，是指民族传统文化中维系、协调、指导、推动民族生存和发展的精粹思想，是一个民族生命力、创造力和凝聚力的集中体现，是一个民族赖以生存、共同生活、共同发展的核心和灵魂。

时代精神是每一个时代特有的精神实质，是一种超脱个人的集体意识。时代精神集中表现于社会的意识形态中，但并不是任何意识形态中的现象都表现着时代精神，只有那些代表时代发展潮流、标志一个时代的精神文明、对社会生产的发展产生积极影响的思想才是时代精神的体现。时代精神是一个时代的人们在文明创建活动中体现出来的精神风貌和优良品格，是激励一个民族奋发图强、振兴祖国的强大精神动力，构成同时代精神文明建设的重要内容。根据一个国家、一个民族时代精神的内涵以及它在经济、政治、文化等建设活动中所发挥出来作用的大小，可以透视其国

第四章 文化哲学视阈下的德性养成实践

民的理性程度与成熟水平，因而成为衡量文明进步的重要标准。

民族精神和时代精神是一个民族赖以生存和发展的精神支撑。民族精神是维护民族生存、促进民族发展的动力。一个民族，如果没有振奋人心的精神和高尚的品格，就难以自立于世界民族之林。人民群众是历史的创造者。习近平总书记强调要尊重人民的主体地位，紧紧依靠人民推进改革。要尊重人民的首创精神，尊重历史发展的连贯性和继承性，让各民族共享发展成果，需要有新举措新思路新方法；要依靠人民群众推进改革推动发展。时代精神反映一个时代人类社会发展变化的基本趋势，并已成为世界绝大多数国家和人民共同的心愿、意志和精神追求。当今时代，和平与发展既是时代的主题，也是全世界绝大多数国家和人民取得共识的时代精神。

3. 社会主义道德观的养成

任何一个正常运转的社会，都必须有一条让全体公民共同遵守的价值标准，有一个让全体社会成员共同坚守的道德底线。失去这个标准和底线，就会导致是非不分、善恶不辨，正常的社会秩序就会被打乱。

社会主义道德是在无产阶级自发形成的道德基础上，以马克思主义的世界观为指导，由无产阶级自觉培养起来的道德；是以为人民服务为核心，以集体主义为原则，以诚实守信为重点，以社会主义公民基本道德规范和社会主义荣辱观为主要内容，以代表无产阶级和广大劳动人民根本利益和长远利益的先进道德体系。在我们的社会主义社会里，是非、善恶、美丑的界限绝对不能混淆，坚持什么、反对什么、倡导什么、抵制什么，都必须旗帜鲜明。在任何一个社会中，人们的行为从来就不可能是整齐划一的，但正义的力量、崇高的精神永远是社会的主流。

社会主义道德体系，是指社会主义道德不同层次、不同方面的行为规范有机结合起来的整体。它主要包括两个方面：一方面是指社会主义道德的内容体系，它由各方面的道德规范构成，如政治道德、商业道德、家庭道德以及各行各业都有自己具体的规范、具体的内容，各种规范有机地结合在一起，构成了社会主义道德的内容体系。另一方面是指社会主义道德的层次体系。在社会主义初级阶段，由低到高存在着四个层次的道德要求。处于最低层次的，也就是最简单、最一般的道德要求，是社会主义起码道德要求，它包括社会公德和家庭道德两大部分。处于第二层次的是社会主义基本道德,具体概括为"五爱",即:爱祖国,爱人民,爱劳动,爱科学,爱社会主义。处于第三层次的是社会主义职业道德,各行各业都有自己的特殊道德要求。处于第四层次的是共产主义道德。这是社会主义时期的最高道德要求。以上这四个层次的道德要求有机结合,构成了社会主义道德的层次体系。

现代社会需要强调开放化和多样化,但开放化和多样化绝不等于放纵化;现代生活需要给予人们选择自己生活方式的自由,但任何自由都不能没有限度。①

(二) 优秀民族传统文化的滋养

文化是一个民族的"身份证"。一个民族之所以区别于其他民族,最主要的特征就是拥有自己独特的传统文化,这是一个民族始终凝聚在一起的重要力量。我们在世界现代化历史潮流面前不能丧失优秀民族传统文化的精神和价值,而应该使其在现代社会文化变迁中发扬光大,成为现代化社会的文明支柱和伦理纲纪,滋养社会主义社会的德性养成。

1. 优秀民族传统文化的凝练

中国传统文化不是一种单一的文化,而是各种文化构成的复合体。例如,从文化思想讲,除儒、道、佛以外,还有墨、杨、法等的文化思想。这些文化思想既是相辅相成的,又是矛盾冲突的。中国传统文化是指中国历史上以个体农业经济为基础、以宗法家庭为背景、以儒家伦理道德为核心的社会文化体系,也是中华民族的基本价值观念和文化品格。这三者是相互联系、相互制约的,并且是不断作用、不断发展的。它们构成了整个中国传统社会文化的主要价值取向,也构成了中国传统文化的价值内涵,并在长期历史发展和相互作用过程中形成了一个超稳定的文化价值模式。这个价值模式可以简单地概括为"安土地、尊祖宗、崇人伦、尚道德、重礼节"。②

文化是人类在一定历史发展过程中所创造的物质财富和精神财富的总

---

① 韩振峰:《确立社会主义荣辱观需要消除的"认识误区"》,载《道德与文明》2006年第4期。
② 刘家和:《古代中国与世界》,武汉出版社1995年版,第572—573页。

第四章 文化哲学视阈下的德性养成实践

和。它所反映的是:"在一定历史时期的特定群体之内,通过人与自然界之间、人与人之间、灵与肉之间的互动所获得的成果。"文化传统是"促成这些互动并在互动过程中始终发挥作用的媒介"。①

2. 优秀民族传统文化的继承与弘扬

任何民族都是在发展着的,民族文化也是不断发展着的。民族文化是孕育民族精神的载体。中国是一个文化底蕴深厚的国家,素以"文明之邦"著称。中华民族的文化有丰富悠久、源远流长、包容同化、恒久弥新的特点。在历史上曾上演过威武雄壮的历史史诗,也产生过无数惊天地、泣鬼神、富有创造性的人物,留下浩瀚无垠、汗牛充栋的历史文化典籍。丰富的文化遗产,培育了崇高的民族精神。这些民族精神,成为中华民族自强不息、开拓进取、奋发有为的强大精神动力,也是中国人民在未来岁月里薪火相传、继往开来、永不枯竭的思想源泉。

继承与弘扬中华民族优秀传统文化,是社会进步发展的需要。人是社会的人,随着经济和社会的进步,德性本身也需要发展,人的精神世界也需要不断地充实和丰富。中华民族优秀的文化传统成为德性发展的内容,成为社会进步的强大精神支持。我们有义务和能力发扬光大我国的优秀民族传统文化,使它成为世界的、全人类的文化精华。

(1) 生态平衡的整体意识

生态平衡是指在一定时间内生态系统中的生物和环境之间,生物各个种群之间,通过能量流动、物质循环和信息传递,使相互之间达到高度适应、协调和统一的状态。人类出现之后,一方面通过自身的生活需要,在物质、能量和空间上影响环境;另一方面通过生产活动,尤其是农业生产,在一定时间和范围内主动改变和塑造了环境。如今的地球表面,是受自然因素与人类活动共同作用的综合体。随着时间的推移,这种作用更加明显,出现了更多的人工化的生态系统以及生态平衡和更加人文、社会化的地理环境。

我们这里讲的生态平衡的整体意识是指人与人之间、人与自然之间、人与社会之间的和谐共处,推动形成绿色生产生活方式,加快改善生态环境。坚持在发展中保护、在保护中发展,持续推进生态文明建设。

---

① 宋银桂:《文化·传统文化·文化传统》,载《文史博览》2005年第12期。

(2) 自强不息的创新精神

自强不息精神深深渗透在中华各族儿女的灵魂中,几乎成为中华精神永恒性的烙印。自强不息,形容自觉地努力向上,永不松懈。《周易·乾》:"天行健,君子以自强不息。"自强不息是一种开拓创新的精神,要求人不断地有新的追求,不断地汲取新的知识和技能,不断地创造新的成就。"自强不息"是一种积极的人生态度、人生追求和人生境界,是对人生意义的一种深刻认识和理解。

天体运行,周而复始,永不停息。古人以天道为榜样,激励自己自强不息。古往今来,多少学子为追求真理、实现理想而"悬梁刺股",苦苦探求;多少英雄豪杰为抵御外辱、保卫国家而不惜抛头颅、洒热血;多少仁人志士为百姓利益、人民幸福而孜孜追求、奋斗不已。他们受到的正是这种自强不息的民族精神的激励。也正是这种精神,是中国人积极的人生态度最集中的理论概括和价值提炼。

自强不息与开拓创新是中华民族的精神实质,在社会主义市场经济中,需要丰富德性的内涵,追求人生的价值,打破传统的固步自封,锐意创新、大胆改革,发挥人的主观能动性和积极性。在社会主义建设中学习雷锋、郭明义等的奉献精神,提高精神境界,实现人的全面发展,为世界的发展、和平做出更大的贡献。从而使伟大的中华民族生生不息,巍然屹立,使灿烂的中华文明延续下去。

(3) 崇尚道德的高尚情操

崇尚道德是中国传统文化中"崇德利用"思想的具体体现。"崇德利用"思想是解决人自身关系即精神生活与物质生活关系的准则。中国历来有"礼仪之邦"的美称。中华文化注重道德是举世闻名的,它强调个人的道德修养,重视道德修养的重要作用。指出为政者的道德对行政、社会风气起着重要的影响作用,绝不是无足轻重的小事。因此,为政者要特别注意自己的道德修养。孔子认为在道德修养上,首先要处理好"义"和"利"的关系,树立正确的义利观。其次,特别注重身体力行、言行一致。再次,注重自我反省、自我约束。由此可以这样说,作为民族精神载体的崇尚道德的中华文化,由于以人本为主体,因而可称为中华人学或关于教人如何做人的学说。这样的学说,不仅决定了中国古代人的文化人格,而且决定了中国传统文化的特征。在历史上它成了团结、融合、凝聚各族人

第四章 文化哲学视阈下的德性养成实践

民的纽带和抵御外侮的重要精神力量。①

中国传统道德强调人的社会责任，如"国家兴亡，匹夫有责"。在历史的发展进程中，德性的内在需要，追求至善至美的生活，人成为社会的主人，担负起民族振兴的重任。尊老爱幼、传承文明，是个人的德性发展，适应社会德性的要求，每个人以振兴民族大业为己任，修养高尚道德、提高个人修养，促进全社会精神文明建设的发展。

(4) "和为贵"的团结协作精神

"和为贵"和"团结协作"是我们社会提倡的一种精神，这种精神也是德性养成的重要内容。"和为贵"和"团结协作"思想作为儒家思想乃至中国传统文化的核心理念，经过了数千年的积淀，已经形成为一种民族精神特征，深深地在人们的心中打上了烙印，并总是以各种方式体现出来。

"和为贵"和"团结协作"是人际交往的准则。人们在日常生活、学习和工作中，要互相支持、互相配合、顾全大局。要明确工作任务和共同目标，在工作中尊重他人，虚心诚恳，积极主动协同他人搞好各项事务等。

"和为贵"和"团结协作"是生产活动分工合作的原则。现代社会分工越来越细，科学技术、工具越来越发达，现代化手段的运用，人与人之间的距离越来越远了，分工合作显得尤为重要，我们每个人都是其中一分子。团结、互助、友爱是人生必不可少的道德品质，只有拥有这种优秀的品质，我们才能有机结合起来，担当起建设祖国的重任，社会才能和谐发展。

"和为贵"和"团结协作"是求同存异认识事物的思维方式。人们在改造社会和改造自然中，不是毫无矛盾的单一思维，但是我们要找出共同点，保留不同意见，运用差异统一思想的思维方式，求同存异。这种辩证的思维方式指导我们思考问题、处理事情时要一分为二，为正确地认识自然界提供了世界观、方法论。

---

① 蔡丽琼，《中华民族精神的基本内涵》，载《中共云南省委党校学报》2009年第1期。

(三) 世界先进文化的融入

我国改革开放以来，世界各国文化不断涌入，其中有精华也有糟粕，应找出精华，合理地吸收利用，为我们的现代化建设服务。世界先进文化指导人类由低级到高级发展，建构世界各国人民的精神世界。中国文化与世界文化既有差异性，又有兼容性和互补性。这是由东西文化不同的地理环境、不同的发展历史所决定的。东西文化存在差异是必然的，但这些差异有时恰好可以互补。

东西方的文化有着悠久的历史，每个民族都有先进的文化可以为他人利用，在改革开放的今天，我们要以博大的胸怀，吸纳全世界的先进文化为我所用，"兼容万物"，借鉴、吸收世界各国各民族优秀的文化成果，接受和理解其他民族的文化，丰富和发展中华民族的道德水平，使中华民族以吸纳百川、汇流成海的气魄，屹立于世界的民族之林。

1. 人生理想的建立

我国当代的先进文化是广泛采纳各国优秀文化成果的文化。当今世界是由2000多个民族组成的。这些民族文化，既有浓郁的民族特色，又具有鲜明的时代特征，体现着时代精神，对推动本民族的发展起着很大的作用，是构成世界先进文化的重要部分。我国的社会主义文化建设，必须根据自己的国情有选择地吸取其他国家民族的先进文化。

西方以知识、科学为本位的人生哲学、强调知识、强调理性、崇尚为知识而知识的人生态度，把追求知识看作是一种人生的基本方式，把求知作为人生的基本目的，而不是作为手段。马克思主义思想在中国的广泛传播，给中国带来了社会主义，让西方科学技术为我们所用，带来社会主义市场经济的大发展。先进理念的传播，给我们带来了精神的提升，中国文化在吸纳各国优秀民族文化的同时，丰富了自己的文化。这种"为知识而知识"的精神，不仅使我们国家培养了一大批科学家，而且排除和克服了急功近利的态度，培养了尊重真理探寻真理的理想情操，为人生理想的建立奠定了基础。

2. 公德为本位思想的汲取

社会公德是一定社会的全体居民为维护社会公共生活的正常运行而共同遵守的最基本的生活准则和行为规范。作为道德的基本规范形式，社会

第四章　文化哲学视阈下的德性养成实践

公德渗透于人类社会生活的各个领域。以公德为本位，是西方伦理的重要特色，也是西方重要的伦理传统。在一定意义上，人的德性是人的社会性客观要求。公德本位以注重道德的社会相关性，注重道德社会调适功能，注重伦理规范对于公共生活与公共秩序的关注，注重个体在公共生活中的德行造成的广泛影响，体现了道德的社会性，是真正的社会性道德。

公德本位思想有利于形成正确的道德意识。按照社会要求正确处理个人与他人、个人与社会、个人与自然的关系，并较好地解决自身的理性、情感和意志等方面的问题，公德本位使人类走出自我的狭小天地，去关注他人、关注社会、关注人类问题。

公德本位思想有助于引导人们建立合理的社会道德规范，形成人们理性的道德行为抉择方式。维护普遍的道德不受侵蚀，捍卫基本的社会公正不受损伤，保障人生的自由发展权利不被剥夺，从而使道德成为社会发展强有力的动力因素。

公德本位思想有利于促使人们形成健全的道德反思能力。道德反思能力，依靠人的道德批判能力。公德本位把视野投向社会、关注人类，有助于对各种不道德行为的抵制与批判，从而提高遵守社会公德的能力。

3. 公正合理社会秩序的完善

建立公正合理的社会秩序，是西方社会的伦理传统。这种伦理观重视个体自由、平等和个性解放，为人类社会生活和平共处、和平竞争、平等互利提供了较好的社会秩序，为人类的竞争力、创造力的解放提供了动力。人的社会性表现为对安全、合理、公正、秩序等的共同要求，而个体性则表现为对自由、平等、效率等的共同要求。有效地解决人性本身的冲突，满足社会有序、个体自由，就要使个体性与社会性置于平衡的对立统一之中。公正合理的社会秩序显然是先进的、优越的、合乎人性的，在现代社会中正越来越显示出其合理性和有效性。

公正合理的社会秩序是社会道德存在的基础，也是实现社会理想、人生价值的基础。现代市场经济表明，社会良好道德秩序的建立始终与公正观念的确立和公正制度的建立紧密联系在一起。

（四）道德调控模式的重构

道德调控指的是一定的社会或群体，通过社会力量，采取各种措施，将所认同的道德原则和道德规范，在大众层面上实施影响，并被认同和接受，从而自觉地调适自己的行为，与社会的外在要求保持一致，以达到社会调控所要求的目标。道德调控就是要使社会成员接受和践行社会确定的道德规范，改善社会道德状况，从而实现社会道德建设的目标，为保证社会的有序运转服务。

在社会生活过程中，道德调控通过道德奖惩、道德评价、道德教育等一系列手段，规范着人们的道德行为，调节人们的道德心理，从而形成与社会发展方向和发展要求相一致的社会道德心理，使整个社会得以良性运行和协调发展。

1. 道德调控的特点

社会调控的最终目标就是要达到社会良性运行与和谐发展。

道德调控与社会调控的目标是一致的。道德调控是一种非强制性的调控方式。它与法律和制度不同，它要依赖人的自觉。它通过道德意识的确立，通过潜移默化的积累和影响作用，促进道德规范深入人心，发挥作用。离开人的道德自觉，道德调控就无法实施。道德调控依赖于人们对道德规范的认同和内化。

道德调控要求人们遵守道德规范，维系社会秩序的正常运转。道德调控广泛渗透于各个社会领域和社会关系之中，比政治、法律更广泛地调节着人们的社会生活。

道德调控的空间范围具有开放性。在市场的作用下，自给自足的闭关自守状态，被各民族的互相往来和互相依赖所代替。世界市场本身就意味着人与人之间关系的社会性和开放性。社会关系的复杂性、开放性扩大了道德作用的空间范围，封闭、单调的传统道德系统被开放、丰富的现代道德体系所替代。

道德调控的内容具有多样性。商品经济、市场经济下，交往成为人们生存和发展的条件，交往扩大到血缘、地缘之外的业缘。人们必须积极地通过群体、职业的交往，通过经济、政治、文化交往，通过权利与义务的交往而融入社会，交往的目的、手段趋向于复杂。

道德调控的对象具有广泛性。道德调控由实体性向虚拟性转变。在信息化和知识经济的时代，随着网络技术的发展，交往对象、过程、手段、结果的本原性、真实性可以通过技术手段而隐蔽和虚拟，道德调控的对象

第四章 文化哲学视阈下的德性养成实践

虚拟性越来越突出。

2. 高素质的道德主体的培育

高素质的道德主体能够把社会的道德要求变为内在的道德需要、道德意志、道德情感和道德行为。在当今社会中，对道德主体的培育，要体现对生命主体的尊重，符合个体的人生价值实现与社会发展规律。

树立正确的人生观、价值观和世界观是培育高素质道德主体的基础。积极的高尚的人生观，使人生境界高尚，使宝贵生命得到永生，形成积极进取、乐观向上、厚德载物、自强不息的人生态度。正确的价值观，使人们逐渐形成了相对稳定的判断人的行为与活动的好坏、美丑、利害、善恶、荣辱等观念，形成全心全意为人民服务的价值取向，将个人价值的实现融入改革开放的社会主义现代化建设的伟大洪流中。科学的世界观和方法论，为我们认识真理开辟了道路，随着时代前进又引导时代前行。

道德教育是培育高素质道德主体的重要内容。道德教育是道德规范深入道德主体的有效途径，可以把社会外在的道德要求转化化为道德主体内心的自觉要求和行动。一种道德规范形成对主体的影响力和约束力，取决于道德主体的普遍认识、理解和接受，取决于对这种道德规范的宣传和教育状况，取决于道德教育的实效性。

家庭、学校和社会道德教育合力是高素质道德主体的培育途径。道德教育要相互配合，仅仅依靠学校道德教育是不行的。高素质道德主体的培育要靠社会道德教育和家庭道德教育的外在力量，但归根结底还是要看道德主体的道德修养，通过道德主体的德性养成来培育人的道德信念和道德理想，这才是问题的根本。

3. 道德文化环境的制约和影响

道德文化环境，主要是指一个国家或地区在一定的道德影响下形成的社会组织、社会结构、社会风俗习惯、历史传统、生活方式、教育水平、宗教信仰等为内容的非物质因素。随着社会的发展与进步，道德文化环境对人的制约和影响越来越大，人需要不断地调整自身，力求尽快适应它，并且不断地依据道德文化环境来对自身进行反思和判断。

人生来就面临着既有的道德文化环境的制约和影响，人在这种道德背景下，在道德实践中认识、感受、理解人生与社会的价值和意义，同时通过对道德经验的反思获得价值意识或价值观念。在人的德性养成过程中，外部的道德文化环境的制约和影响构成了人的价值思维和判断。这一客观世界虽然为人所创造，但它又作为外在的道德文化环境规约着人的存在和发展。

面对道德文化环境的制约与影响，社会成员不仅是这些道德文化环境的参与者和构成者，还是创造者。人总是根据自己特殊的文化背景和价值意识来界定道德文化环境，并采取合乎道德要求的相应行动。可以说，德性的养成虽然主要依靠人的内省、自律来实现，但我们也不得不说，人所生存的外在道德文化环境先于人存在，人的德性养成必然要受其影响和制约。

4. 德性教育功能的发挥

德性教育在人的德性形成过程中有着重要的意义。人的德性像许多观念、知识、能力一样，离不开道德教育。德性的形成、发展和养成，需要内在与外在的相互作用，德性的教育功能就是外在的力量。没有德性的教育就不能形成德性的自觉与完善。当代中国的道德教育必须开始从注重政治功能转向关注人本身的生命意义和价值出发，"以人为本"，发挥德性教育的"育人"功能，培养符合社会主义价值观的人才。

德性教育可以通过学校教育增进人的德性认知、道德情感、社会责任感，培养学生对理想人生的追求和参与社会的责任担当。可以通过家庭教育对子女进行德性养成和习惯培养。还可以通过大众媒体，宣扬歌颂美好的道德情操，形成社会正确舆论导向，推动精神文明的建设，发挥大众媒体德性教育的重要阵地作用。

5. 灵活多样教育方法的应用

德性养成的方式方法是多样的。无论采用何种方法，都应该由灌输转向启发，由外在强制转为内在需求，由压服控制到自觉自律，由显性教育到隐性教育，由常规教育到网络教育，由集体教育到个别教育，由统一标准到层次多样等方式转变。

我们应该学习我国古代关于德性的教育方法，对中华民族优秀传统文化进行筛选、重组和继承，并加以创新，灵活使用，采用循循善诱、因材施教、以身作则、修心养性等方法，形成德性意识和德性观念，达到德性养成。

当代中国的道德教育在方法方面，应该重视德性意识形成，加强德行

第四章 文化哲学视阈下的德性养成实践

训练,做到知行合一。增强道德判断力、选择力与创造力,进行主体教育和自我教育,从而使受教育者在道德实践中不断自我发展和自我完善。发扬道德的自律精神,把德性外在要求转化为内在的人格品质。在方法上既要重视德性知识的讲授,也要重视自我精神境界的修炼。

(五) 大众传媒作用的有效发挥

大众传媒是大众传播媒介的简称。新闻传播工具是传递新闻信息的载体,是报纸、通讯社、广播、电视、新闻纪录影片和新闻性期刊的总称,西方称为新闻媒介或大众传播媒介。美国学者甚至将其誉为除立法、司法、行政以外的"第四种权力"。在现代社会中,尤其是在开放的信息环境条件下,大众传媒的重要性和影响力日益加强。要充分发挥大众传媒的巨大影响力和教育引导功能,更好地实现德性养成,就必须对大众传媒的特点及其与德性养成关系有一个清醒的认知和把握。

1. 大众传媒的功能

大众传媒的作用是获取与传递信息。它具有文化传承功能、舆论监督功能、娱乐休闲功能等。大众传媒应有利于提高人们的思想政治水平和道德修养,有利于丰富人们的知识、开发人们的智力和技能,有利于丰富人们的文化生活,有利于人类文化成果的积累和传播。

进入信息时代,大众媒体在社会生活中发挥的作用越来越突出。政治的建构、经济的繁荣、文化的整合,无一不有赖于大众传媒。当大众传媒无处不在以至于带来社会交流形式的变化时,我们再也无法忽视大众传媒的巨大影响力。正如美国政治学家拉斯维尔所说:"在做出种种保留,消除种种过高估计之后,事实仍然是:宣传是现代世界上最有力的工具之一。它上升到现在突出的地位,并与改变社会性质的复杂环境相呼应。"大众传媒是面向广大受众的传播媒体,它是有组织的传播者为了实现一定目的而向广大受众进行信息符号的复制和传播所凭借的传播手段、工具、途径和渠道。包括电脑、广播、电视、图书、报纸、音像制品以及与高科技紧密结合的新兴传播媒介,已成为一种难以抗拒的物质力量,制约着文化,在信息共享、共同意识的建立、社会价值的传递、大众文化的形成和改变等方面发挥了不可替代的作用。

价值观念、道德情操、政治态度必然受到大众传媒的导向影响。因此，如何充分利用和发挥大众传媒的正面导向功能，加强思想政治教育工作的有效性，是值得思想政治工作者深入思考的。

2. 大众传媒对德性养成的作用

大众传媒是人的思想和交流工具的延伸，他们所接触的大众传媒既包括面向全体社会成员的传媒工具，也包括了他们所在组织内部的各种传媒，如单位主办的广播、有线电视、内部印发的报纸杂志以及计算机网络等。大众传媒是人们社会交往中最活跃的载体形式，其活动内容、方式都与人们的思想道德水准有密切关系，是德性养成不可或缺的重要工具。而且随着媒介技术的发展、大众传媒的德育功能也日益重要。从总体上看，大众传媒的信息服务功能是它的基础性功能，其余的功能，如娱乐、教育、认同整合、更新引导等在一定意义上讲，都是这一功能的延伸与扩展，而德性养成功能始终贯穿并体现在与上述诸功能的融合之中。

大众传媒具有引导人们认同社会主义基本政治经济制度，认同改革开放和发展社会主义市场经济、统一思想的功能；具有提高人们思想道德水平和综合素质、深化德育目标的功能；具有增强人们明辨是非和评判选择能力的功能；具有倡导创新精神，追求全面发展的功能；具有提供信息咨询服务，解答心理、情感与思想疑惑，推进德育工作社会化的功能。

3. 大众传媒负面影响的消除

大众传媒具有双重属性：一是政治属性，它必须完成作为意识形态所肩负的传统使命；二是经济属性，它必须像企业那样设法使自己生存下去。因此，传媒既是党的"喉舌"，又是一个从事经营的经济实体。这样，传媒所面临的一个最大的难题，就是如何使传播的社会效益即所肩负的社会责任同经济效益统一起来，实现其双重身份的整合。

大众传媒促进人们德性的养成，但是也有其无法回避的负面影响。有的媒体为了追求利益最大化，出版和刊登迎合一部分人需要的文化垃圾，如金钱至上、全盘西化、及时行乐、调侃生活、色情倾向等错误思想的充斥和蔓延，扰乱人的思想。有的甚至与社会主义提倡的核心价值观唱反调，对青年人人生观的形成和行为规范等产生了不良作用，造成了对主流思想的分化和德育目标的分解，侵蚀毒害了一部分青年人的心灵，直接影响到当代青年人的整体思想认同与心理稳定，这是社会主义大众传媒所不允许的。

第四章 文化哲学视阈下的德性养成实践

大众传媒发展中所体现的商品化娱乐化趋势与大众传媒制作手法的直观化、形象化和快捷互动性的结合，使传媒德性养成功能明显衰减，即使人们依赖于传媒的感官刺激，回避思考，养成了思维惰性，也使得一些原本具有意义的教育内容简单化、直观化与媚俗化，进而削弱了应有的引导教育激励功能。此外，人们对媒体的过分痴迷，尤其是对计算机网络等新传媒的过度依赖，也带来了网上虚拟世界与真实社会生活在情感认知上的割裂与对立。在增强了与机器"交往"能力的同时，也不自觉地造成了自身情感的苍白无力和健康心智的缺乏。

4. 网络道德的构建

网络给我们的生活和学习带来了极大的便利与好处，但是由于网络中网民身份的虚化，网络道德问题出现了。有的利用网络谩骂他人；有的在网上毫无顾忌地发泄对国家、集体和他人的不满；有的甚至盗取别人的信息，不当获利或者诈骗等。

网上虚拟世界等"第四媒体"的出现，使人们主要是青年人痴迷于网络世界，不能自拔，给社会带来了许多问题，使德性养成也面临着严峻的挑战。网络的发展求全社会必须扩大道德的管理范围，传统的实体道德关系中加入了虚拟道德关系的成分。网络道德是网上虚拟空间中所应遵循的行为准则和规范，它通过信念和舆论对网上生活起约束作用。

网络道德成为新的课题。要建立一种依靠网民的舆论和内心信念来规范、调整的道德规范。网络道德依附于互联网而存在。网络道德依靠网民的实践来维持、发展。网络道德与现实道德规范是紧密联系又有所区别的。网民是网络道德的实践主体，但在现阶段和可预见的将来，网民的思想、行为不可能脱离现实生活而"完全虚拟化"，因此，一方面网络道德也要充分反映现实道德的需求，保持一定的延续性，如平等待人的要求、友善相处的要求、尊重他人自由的要求等。另一方面，网络道德毕竟还要反映网络领域的特殊需求，它不可能是现实道德的照搬，在网上应该有更多的自由度、更平等的地位等。

5. 公共文化体系的建设

公共文化是满足人民群众文化需求，保障人民群众基本文化权益的各种公益性文化机构和服务的总和。公共文化是由政府主导、社会参与构建的，具有形成普及文化知识、传播先进文化、给大众提供精神食粮的作用。

　　公共文化体系是由社会提供公共文化产品服务的整体性安排。公共文化体系的核心是公共服务。这一体系是保障公民基本文化权利、满足社会的公共文化需要、向公众提供文化产品和服务行为及其相关体制与系统的总称。① 全面建设小康社会，要求建设公共服务型政府是中国政府职能转变的基本目标。②

　　公共文化体系的建设是面向"整个地区"所有成员的，它应该包括传播文化的内容、传播文化的场所、传播文化的方式、传播文化的组织等。目前我国的公共文化体系建设还很不完善，比如，对于优秀民族文化的传播内容整理就不够全面，没有一套完整的教材。传播场所不专用，不普及，传播方式不确定，也没有专门的组织机构。这与西方对本民族优秀文化的传播相比，还有很大差距。比如，西方对于《圣经》的传播，有专门的书籍，有专门的地方，有固定的时间，有专门的人讲解。不但在本国传播，还到国外进行传播。传播方式也多样化，有书籍、电视、广播等。中国有几千年的文明，对于自己优秀的传统文化没有规范统一的总结，对自己的优秀文化也始终缺乏统一的认识和整理，因此，传播起来就很困难。

　　很多电影和影视产品，在满足人们娱乐和文化需求的同时，过多地渲染了享乐主义和自私自利思想。我们需要通过建设公共文化体系，构建社会主义和谐社会，大力提倡吃苦耐劳、艰苦奋斗的精神，满足人民群众日益增长的公共性文化需求。培养全民族的优秀品质。

　　通过构建公共文化体系，来保障公民的文化权益，通过充分动员社会各界力量，公平地参与文化产品和文化服务的供给。在公共文化体系构建中，要正确处理好建设公共文化体系与公共文化社会化、市场化的关系，并在这一过程中，形成政府主导、全民参与的相关制度，更好地满足人民群众的公共文化需求。构建健全的公共文化服务体系，提高全民族的思想道德和科学文化素质、建设文明和谐的社会主义现代化国家。

　　构建和谐文化，要始终坚持用科学的理论做指导，用高尚的德性塑造

---

① 赵立波、张素琴：《强化政府公共文化职能　完善公共文化服务体系》，载《青岛日报》2008年4月19日。
② 李军鹏：《公共服务型政府建设指南》，中共党史出版社2006年版，第36页。

第四章 文化哲学视阈下的德性养成实践

人,用优秀的事迹鼓舞人,构建社会主义核心价值体系,弘扬先进文化,努力改造旧文化,创造有益健康的文化,坚决抵制腐朽文化,使中华民族形成一种与时代俱进的道德风尚,并在其能动作用下推动经济和社会全面进步。①

---

① 方世南:《论和谐文化建设中的国民精神培育》,载《毛泽东邓小平理论研究》2007年第5期。

结 束 语

关于德性的研究成果很多。在我进行研究和学习的过程中，越深入越感到这是一个需要真正下大工夫进行研究的问题。本文的理论研究终于告一段落，但是我追寻崇高德性的脚步却没有停止。

在市场经济发展的今天，德性内在本质如何发展，德性应有的作用如何发挥，人们心灵的家园应该如何建设，和谐社会的道德理想怎样建立，这些是需要我们急迫解决的问题。

德性养成的目标就是成就理想的人格，这是通过个体的道德实践完成的。德行的践行过程是一个道德主体的自觉意识提升过程。德性养成是当前道德教育的目的，是在主体内在德性的不断提高中得以充分实现的。德性养成表现于无形之中成就了个人与他人，成就了道德的个人与社会的统一。任何阶级所倡导的道德要求、道德规范，归根到底都是做人的要求。在文化哲学理论的指引下，建构符合时代精神的德性不仅是人的超越性精神需要，同时也是"和谐社会"构建的需要。德性养成应该是实现终极目标与时代目标的统一。在市场经济发展中，要不断提高主体的批判性和反思能力，在多元文化中学会选择，吸纳优秀的民族文化传统，丰富德性的内涵，融入世界的先进文化，创新德性的内容，建构符合时代精神的高尚人格，重构德性培养的教育模式，强调德知的学习与德行践行的统一，实现人的自由全面的发展、社会和谐健康的发展。

身为教育工作者，深知德性养成关乎国家和青年的发展和未来，深感责任重大。培养年青一代，具有崇高的道德理想、高尚的人格，还需要我们孜孜以求地努力。学校的道德教育要创新有突破，同时更需要我们为人师表，做道德的表率，在建构文明、和谐的社会和实现伟大的中国梦中，付诸实践，做出我们的努力！

参考文献

[1] 《马克思恩格斯全集》第 3 卷,人民出版社 1972 年版。

[2] 《马克思恩格斯选集》第 2 卷,人民出版社 1972 年版。

[3] 《毛泽东选集》第 2 卷,人民出版社 1991 年版。

[4] 《邓小平文选》第 1 卷,人民出版社 1994 年版。

[5] 张世英:《哲学导论》,北京大学出版社 2002 年版。

[6] 孙正聿:《哲学通论》,辽宁人民出版社 1998 年版。

[7] 孙正聿:《超越意识》,吉林教育出版社 2001 年版。

[8] 孙正聿:《思想中时代》,北京师范大学出版社 2004 年版。

[9] 高清海、胡海波、贺来:《人的"类生命"与"类哲学"》,吉林人民出版社 1998 年版。

[10] 李鹏程:《当代文化哲学沉思》,人民出版社 1994 年版。

[11] 陈志兴:《理解德育论》,中国社会科学出版社 2013 年版。

[12] 金生鈜:《德性与教化》,湖南大学出版社 2003 年版。

[13] 衣俊卿:《现代化与文化阻滞力》,人民出版社 2005 年版。

[14] 衣俊卿:《文化哲学》,云南人民出版社 2005 年版。

[15] 司马云杰:《文化悖论》,陕西人民出版社 2003 年版。

[16] 司马云杰:《文化价值论》,陕西人民出版社 2003 年版。

[17] 司马云杰:《价值实现论》,陕西人民出版社 2003 年版。

[18] 张澍军:《道德哲学引论》,人民出版社 2002 年版。

[19] 赵继伦、李焕青、孙友:《精神文明的时代审视》,人民出版社 2004 年版。

[20] 袁桂林:《当代西方道德教育理论》,福建教育出版社 2004 年版。

[21] 杨国荣:《哲学的历史与历史中的哲学》,北京师范大学出版社 2006 年版。

[22] 陈根法:《德性论》,上海人民出版社 2004 年版。

[23] 陈晓兵:《军人德性论》,湖南人民出版社 2008 年版。

［24］杨超：《现代德育人本论》，广东人民出版社2005年版。

［25］韦政通：《伦理思想的突破》，中国人民大学出版社2005年版。

［26］钟明华、李萍等：《马克思主义人学视域中的现代人生问题》，人民出版社2006年版。

［27］龚爱林：《变革中的道德》，湖南教育出版社2000年版。

［28］宋荣培：《东西哲学的交汇与思维方式的差异》，河北人民出版社2006年版。

［29］魏英敏：《新伦理学教程》，北京大学出版社2003年版。

［30］戴兆国：《心性与德性——孟子伦理思想的现代阐释》，安徽人民出版社2006年版。

［31］王如才：《主体体验：创新教育的德育原理》，山东教育出版社2004年版。

［32］王仕民：《德育文化论》，中山大学出版社2007年版。

［33］朱小蔓、金生鈜：《道德教育评论》，教育科学出版社2007年版。

［34］汪凤炎：《德化的生活》，人民出版社2005年版。

［35］高德胜：《生活德育论》，人民出版社2005年版。

［36］邬昆、李建群：《价值哲学问题研究》，中国社会科学出版社2002年版。

［37］夏建国：《实践规范论》，中国社会科学出版社2006年版。

［38］郑淑媛：《先秦儒家的精神修养》，人民出版社2006年版。

［39］崔平：《道德经验批判》，上海文化出版社2006年版。

［40］龚群：《生命与实践理性》，中国社会科学出版社2004年版。

［41］孙正聿：《思想中的时代：当代哲学的理论自觉》，北京师范大学出版社2004年版。

［42］范树成：《德育过程论》，中国社会科学出版社2004年版。

［43］郑广永：《文化的超越性研究》，黑龙江人民出版社2004年版。

［44］魏则胜：《道德建设的文化机制研究》，广东人民出版社2005年版。

［45］王国银：《德性伦理研究》，吉林人民出版社2006年版。

［46］杨国荣：《思与所思》，北京师范大学出版社2006年版。

［47］刘进田：《文化哲学导论》，法律出版社2009年版。

［48］赵林：《谈文明冲突与文化演进》，东方出版社2006年版。

[49] 徐行言：《中西文化比较》，北京大学出版社2004年版。

[50] 刘铁芳：《生命与教化》，湖南大学出版社2004年版。

[51] [德] 马克斯·韦伯：《经济与社会》（上卷），林荣远译，商务印书馆1997年版。

[52] [德] 黑格尔：《法哲学原理》，范扬、张企泰译，商务印书馆1982年版。

[53] [美] 德沃金：《认真对待权利》，信春鹰等译，中国大百科全书出版社1998年版。

[54] [德] 卡尔·雅斯贝斯：《时代的精神状况》，王德峰译，上海译文出版社2005年版。

[55] [美] 德沃德：《至上的美德：平等的理论与实践》，冯克利译，江苏人民出版社2003年版。

[56] [印度] 阿玛蒂亚·森：《以自由看待发展》，任赜、于真译，中国人民大学出版社2002年版。

[57] [美] 里普森：《政治学的重大问题——政治学导论》，刘晓译，华夏出版社2001年版。

[58] 郭文安、陈东升：《国民素质建构与基础教育改革》，人民教育出版社1997年版。

[59] [法] 托克维尔：《论美国的民主》（上卷），董果良译，商务印书馆1996年版。

[60] 赵汀阳：《论可能生活：一种关于幸福和公正的理论》，中国人民大学出版社2004年版。

[61] 宋希仁：《不朽的寿律——人生的真善美》，中国人民大学出版社1989年版。

[62] [古希腊] 亚里士多德：《尼各马科伦理学》，苗力田译，中国人民大学出版社2003年版。

[63] [英] A.麦金泰尔：《德性之后》，龚群、戴扬毅译，中国社会科学出版社1995年版。

[64] 张岱年：《中国伦理思想研究》，江苏教育出版社2005年版。

[65] 张岱年：《文化与价值》，新华出版社2004年版。

[66] [法] 柏拉图：《理想国》，郭斌和等译，商务印书馆1986年版。

[67]［法］维克多·埃尔：《文化概念》，康新文、晓文译，上海人民出版社1988年版。

[68]［英］休谟：《道德原则研究》，曾晓平译，商务印书馆2001年版。

[69]许自强：《美学基础》，首都经济贸易大学出版社2003年版。

[70]陶伯华：《美学前沿——实践本体论美学新视野》，中国人民大学出版社2003年版。

[71]［德］马克斯·舍勒：《价值的颠覆》，罗悌伦译，生活·读书·新知三联书店1997年版。

[72]［德］海德格尔：《存在与时间》，陈嘉映、王庆节译，生活·读书·新知三联书店1999年版。

[73]许纪霖：《大时代中的知识人》，中华书局1997年版。

[74]［美］马尔库塞：《爱欲与文明》，黄勇译，上海译文出版社1987年版。

[75]［法］埃德加·莫兰：《复杂思想：自觉的科学》，陈一壮译，北京大学出版社2001年版。

[76]［英］伯特兰·罗素：《自由之路》，李国山译，西苑出版社2004年版。

[77]李军鹏：《公共服务型政府建设指南》，中共党史出版社2006年版。

[78]张冲：《新编美国文学史》第1卷，上海外语教育出版社2000年版。

[79]吴振标：《个性与个性美》，浙江人民出版社1986年版。

[80]［德］爱克曼：《歌德谈话录》，朱光潜译，人民文学出版社1978年版。

[81]［苏联］古留加：《黑格尔小传》，刘半九等译，商务印书馆1978年版。

[82]司马云杰：《文化主体论》，山东人民出版社1992年版。

[83]［德］马丁·海德格尔：《存在与时间》，陈嘉映、王庆节译，生活·读书·新知三联书店1987年版。

[84]俞可平：《中国公民社会的兴起与治理的变迁》，社会科学文献出版社2002年版。

[85]邴正：《当代人与文化》，吉林教育出版社1998年版。

[86]［德］黑格尔：《小逻辑》，贺麟译，商务印书馆1980年版。

[87]［古希腊］亚里士多德：《政治学》，吴寿彭译，商务印书馆1965年版。

[88]郭本禹：《道德认知发展与道德教育——柯尔伯格的理论与实践》，福建教育出版社1999年版。

[89] [荷] 彼得斯著：《道德发展与道德教育》，邬冬星译，浙江教育出版社2000年版。

[90] 樊浩：《伦理精神的价值生态》，中国社会科学出版社2001年版。

[91] 欧阳教：《德育原理》，文景出版社1988年版。

[92] [英] 维特根斯坦：《文化和价值》，黄正东、唐少杰译，清华大学出版社1987年版。

[93] [荷] 斯宾诺莎：《伦理学》，贺麟译，商务印书馆1983年版。

[94] [美] 海伦·杜卡斯、巴纳希·霍夫曼：《爱因斯坦谈人生》，高志凯译，世界知识出版社1984年版。

[95] [德] H. 赖欣巴哈：《科学哲学的兴起》，伯尼译，商务印书馆1996年版。

[96] [英] 休谟：《人性的断裂》，冯援译，光明日报出版社1996年版。

[97] [德] 马克思：《1844年经济学哲学手稿》，刘丕坤译，人民出版社2000年版。

[98] 张青兰：《人格的现代转型与塑造》，广东人民出版社2005年版。

[99] 杨国荣：《伦理与存在——道德哲学研究》，上海人民出版社2002年版。

[100] [德] 弗里德里希·包尔生：《伦理学体系》，何怀宏、廖申白译，中国社会科学出版社1988年版。

[101] [美] 乔治·瑞泽尔：《后现代社会理论》，谢立中译，华夏出版社2003年版。

[102] [法] 弗朗索瓦·佩鲁：《新发展观》，张宁、丰子义译，华夏出版社1987年版。

[103] [加拿大] 约翰·华特生：《康德哲学原著选读》，韦卓民译，华中师范大学出版社2000年版。

[104] [美] 加布里埃尔·A. 阿尔蒙德、西德尼·维伯：《公民文化》，徐湘林译，华夏出版社1989年版。

[105] [美] 柯尔伯格：《道德教育的哲学》，魏贤超、柯森译，浙江教育出版社2000年版。

[106] [英] 洛克：《人类理解论》，关文运译，商务印书馆1997年版。

[107] [德] 叔本华：《伦理学的两个基本问题》，商务印书馆1996年版。

[108] [英] 马丁·霍利斯：《人的模式》，李述一译，辽宁人民出版社

1989年版。

[109] [俄] 弗兰克：《社会的精神基础》，王永译，生活·读书·新知三联书店2003年版。

[110] [美] 塞缪尔·亨廷顿：《文明的冲突与世界秩序的重建》，周琪等译，新华出版社1988年版。

[111] [德] 雅斯贝尔斯：《当代精神处境》，黄藿译，生活·读书·新知三联书店1992年版。

[112] [加拿大] 查尔斯·泰勒：《现代性之隐忧》，程炼译，中央编译出版社2001年版。

[113] [德] 卡西尔：《人论》，甘阳译，上海译文出版社2004年版。

[114] [德] 黑格尔：《哲学史讲演录》，贺麟、王太庆译，商务印书馆1997年版。

[115] [德] 斯宾格勒：《西方的没落》，洪天富译，商务印书馆1963年版。

[116] [美] 大卫·雷·格里芬：《后现代科学》，马季方译，中央编译出版社2004年版。

[117] [德] 叔本华：《作为意志和表象的世界》，商务印书馆2004年版。

[118] [荷] 斯宾诺莎：《伦理学》，贺麟译，商务印书馆1997年版。

[119] [法] 维克多·埃尔：《文化概念》，康新文、晓文译，上海人民出版社1998年版。

[120] [英] 达尔文：《人类的由来》，潘光旦、胡寿文译，商务印书馆2003年版。

[121] [德] 黑格尔：《精神现象学》，贺麟、王玖兴译，商务印书馆1997年版。

[122] [美] 考夫曼：《存在主义》，陈鼓应等译，商务印书1995年版。

[123] [德] 大卫·雷·格里芬：《后现代精神》，毛怡红译，中央编译出版社1998年版。

[124] [奥] 弗洛伊德：《论创造力与无意识》，孙凯祥译，中国展望出版社1986年版。

[125] [美] 马斯洛：《动机与人格》，许金声译，华夏出版社1987年版。

[126] [苏联] 弗·让·凯勒：《文化的本质与历程》，陈文江等译，浙江人民出版社1989年版。

[127]［德］马克斯·韦伯:《新教伦理与资本主义精神》,彭强、黄晓京译,陕西师大出版社2002年版。

[128]［英］C. W. 沃特森:《多元文化主义》,叶兴艺译,吉林人民出版社2005年版。

[129]［德］卡尔·曼海姆:《重建时代的人与社会:现代社会结构的研究》,张旅平译,生活·读书·新知三联书店2002年版。

[130]［德］约恩·吕森:《历史思考的新途径》,綦甲福、来炯译,上海人民出版社2005年版。

[131]［德］奥特弗利德·赫费:《作为现代化之代价的道德应用伦理学前沿问题研究》,邓安庆等译,上海译文出版社2005年版。

[132]［加拿大］威尔·金里卡:《自由主义、社群与文化》,应奇、葛水林译,上海译文出版社2005年版。

[133]单连春:《人生境界论》,博士学位论文,东北师范大学,2006年。

[134]张夫伟:《迷失与追寻——选择与道德教育的哲学之思》,博士学位论文,南京师范大学,2006年。

[135]陈海青:《德性视阈下的美国当代品格教育研究》,博士学位论文,上海大学,2012年。

[136]曾誉铭:《自由与德性——卢梭政治哲学思想研究》,博士学位论文,复旦大学,2006年。

[137]李华忠:《善的支撑——中西传统道德之信仰基础比较研究》,博士学位论文,吉林大学,2012年。

[138]谢狂飞:《美国品格教育研究》,博士学位论文,复旦大学,2012年。

[139]李娜:《批判与追寻——麦金泰尔德性伦理学研究》,博士学位论文,吉林大学,2012年。

[140]董海霞:《文化视阈下的道德研究》,博士学位论文,山东师范大学,2010年。

[141]何松旭:《为什么需要道德?——一种直觉主义视角的考察》,博士学位论文,浙江大学,2011年。

[142]张海:《现代化视阈下的当代中国职业道德研究》,博士学位论文,华东师范大学,2010年。

[143]钱东平:《论政府的德性》,博士学位论文,南京师范大学,2004年。

[144] 戴兆国：《孟子德性伦理思想研究》，博士学位论文，华东师范大学，2002年。

[145] 蔡春：《德性与品格教育论》，博士学位论文，复旦大学，2010年。

[146] 亢丽娟：《麦金泰尔道德哲学批判》，博士学位论文，吉林大学，2010年。

[147] 袁凌新：《马克思实践哲学的科学范式——政治经济学批判》，博士学位论文，首都师范大学，2009年。

[148] 张琳：《现代性的信仰困惑与信仰塑造》，博士学位论文，复旦大学，2012年。

[149] 伍志燕：《德性：为何，何为——麦金泰尔的德性之思》，载《贵州师范大学学报》2008年第6期。

[150] 唐凯麟、刘铁芳：《价值启蒙与生活养成——开放社会中的德性养成教育》，载《当代青年研究》2005年第3期。

[151] 江畅：《论德性教育的意义和任务》，载《湖北大学学报》（哲学社会科学版）2011年第5期。

[152] 胡海波：《"尊重的教育"的人性真谛》，载《东北师大学报》（哲学社会科学版）2001年第5期。

[153] 严火其、韩璞庚：《德性与理性的历史变奏——对人类文明史一种解读》，载《人文杂志》2006年第2期。

[154] 李四军：《智性文化与德性文化》，载《西北美术》1998年第2期。

[155] 马璇：《"德性"与"智性"的对话》，载《山东大学理工学报》2011年第1期。

[156] 倪勇：《德性的失落与重构》，载《东岳论丛》2006年第6期。

[157] 徐贵权：《论价值理性》，载《南京师大学报（社会科学版）》2003年第5期。

[158] 纪荣起：《论以人为本》，载《山东社会科学》2011年第1期。

[159] 刘佳：《中国法治化的现实基础》，载《中外法学》1999年第1期。

[160] 翟振明：《价值理性的恢复》，载《哲学研究》2002年第5期。

[161] 桑志达：《略论主体的自我意识》，载《福建论坛》（文史哲版）1985年第5期。

[162] 高国希：《德性的结构》，载《道德与文明》2008年第3期。

[163] 吕林、路永照：《德性的缺失与重构》，载《理论月刊》2011 年第 10 期。

[164] 唐凯麟、刘铁芳：《价值启蒙与生活养成——开放社会中的德性养成教育》，载《当代青年研究》2005 年第 3 期。

[165] 郑广永：《论文化的超越性》，载《天津社会科学》2003 年第 4 期。

[166] 陈根法：《论德性的意义和价值》，载《复旦学报》（社会科学版）2002 年第 3 期。

[167] 胡乔木：《关于人道主义和异化问题》，载《红旗》1984 年第 2 期。

[168] 唐凯麟、刘铁芳：《价值启蒙与生活养成——开放社会中的德性养成教育》，载《当代青年研究》2005 年第 3 期。

[169] 韩作珍：《道德价值及其实现》，载《长安大学学报》（社会科学版）2008 年第 4 期。

[170] 王国银、王伦光：《当代社会和谐德性的价值诉求》，载《河南师范大学学报》（哲学社会科学版）2009 年第 1 期。

[171] 赵宇霞、韩宇：《科学发展观的哲学内涵解析》，载《理论探索》2005 年第 3 期。

[172] 顾行超：《理论探索论科学发展理念对中华传统文化的继承与创新》，载《中央社会主义学院学报》2009 年第 4 期。

[173] 丰子义：《如何理解和把握人的全面发展》，载《北京社会科学》2002 年第 4 期。

[174] 俞世伟：《论"规范—德性—德行"动态伦理道德体系的实践价值》，载《社会科学》2005 年第 9 期。

[175] 张倩倩：《德行的培养与德行的实践》，载《内蒙古农业大学学报（社会科学版）》2010 年第 3 期。

[176] 易小明：《人的工具价值及其目的化处理》，载《天津社会科学》2006 年第 4 期。

[177] 陈刚：《当代西方的理性主义》，载《江苏社会科学》1999 年第 3 期。

[178] 魏小兰：《论价值理性与工具理性》，载《江西行政学院学报》2004 年第 2 期。

[179] 宋银柱：《文化·传统文化·文化传统》，载《文史博览》2005 年第 12 期。

[180] 赵立波、张素琴:《强化政府公共文化职能完善公共文化服务体系》,载《青岛日报》2008年4月19日第6版。

[181] 高国希:《德性的结构》,载《道德与文明》2008年第3期。

[182] 方世南:《论和谐文化建设中的国民精神培育》,载《毛泽东邓小平理论研究》2007年第5期。

[183] 赵继伦:《和谐社会构建与情感教育》,载《东北师范大学学报》2008年第3期。

[184] Habermas, *Knowledge and Human Interests*, Boston: Beacon press, 1975.

[185] Habermas, *Theory and Practice*, Boston: Beacon press, 1974.

[186] Haber, H. F., *Beyond Postmodern Politics*, New York: Routlege, 1994.

[187] Gadamer, *Truth and Method*, New York: Crossroad, 1989.

[188] Daniel Statman, *Virtue Ethics: A CriticalnReader*, Edinburgh: Edinburgh University Press, 1997.

[189] Onora O'Neill, *Towards Justice an d Virtue: A Constructive of Practical Reasoning*, San Diego: Cambridge Universi ty Press, 1996.

[190] Habermas, *The Theory of Communication Action*, Boston: Beacon press, 1987.

[191] Habermas, *Communication and Evolution of Society*, Boston: Beacon press, 1976.

[192] Adorno, T and Horkheimer, M, *Dialectic of Enlightenment*, New York: Herder and Herder, 1972.

[193] Habermas, *The Philosophical Discourse of Modernity*, Boston: The MIT Press, 1987.

[194] Schmidt, M. R. (ed.), *Human Nature: Opposing Viewpoints*. San Diego: Greenhaven Press, Inc, 1999.

[195] Anderson, Perry, *Consideration on Western Marxism*, London: New Left Books, 1976.

[196] Hume, *An Enquiry Concerning Human Understanding*, Oxford: Oxford University Press, 1999.

[197] Bell, Daniel, *The Cultural Contradictions of Capitalism*, New York: Basic Books, 1976.

[198] Bernstiein, R. J., *Habermas and Modernity*, Goldsmiths: The MIT Press, 1985.

[199] Deleuze, Gilles, *Logic of Sense*, New York: Columbia University Press, 1983.

[200] Gay, Peter, *The Enlightenment: An Interpretation*, New York: Alfred A. Knopf, Inc, 1969.

[201] G. C. Meilaender, *The Theory and Practice of Virtue*, South Bend: University of Notre Dame Press, 1984.

[202] S. G. Clarke, E. Simpson ed, *Anti-theory in Ethics and Moral Conservatism*, New York: State UniversityPress, 1989.

[203] Michael Slol, *From Morality to Virtue*, New York: Cambridge University Press, 1994.

后　记

　　本书是我在博士论文的基础上修改完成的。当我重新整理书稿时，发现电脑中有几个版本的最后一稿，当时写作的情景好像就在昨天，学校、家里的电脑经常反复覆盖写作的进展，很怕遗失，所以存了多个文件夹。我总愿意把原因归结为工作太忙太累，经常是到处摆开战场，可能几天都没有写一个字。在东北师范大学读博士，毕业论文的写作成了我人生的痛点，面对小论文发表的困难、写作的不畅、内心的巨大纠结，使回避和拖延成了我给自己的交待。当时我在学校的工作压力也很大，我负责渤海大学教师教育实践教学的实验区建设工作，开展教育实习、支教活动几乎常年奔波在偏僻的辽西农村中小学，2005年到2015年为了师范生的实习，找基地，送学生，检查实习，送教，接学生，总结实习，几乎没有喘息的时间。这期间我也为实验区送教、作报告、讲课上百场，繁忙而充实的工作冲淡了论文写作的压力。

　　我的导师赵继伦教授，在选题、框架的建构设计以及写作过程中，都给予了精心的指导。经常督促我尽快完成写作，以至于老师每次打来电话，我都会紧张几天，正是在老师的殷切关怀、谆谆教诲和时时鞭策下，我才得以顺利完成写作。对此，我的感激之情无以言表！只是感觉导师精心指导的论文结构设计我没能在写作中很好的论述呈现出来，留有遗憾。此外，东北师大马克思主义学院的张澍军教授、王立仁教授、郭凤志教授对写作给予了指导和建议，马晓燕、杨秀莲、单连春、张书燕等同窗好友以及李颖、崔国富、董海霞老师也经常给我鼓励和多方面支持。

　　回首反思这几年我走过的路，深深地感到写不出与写不好缘于阅读的匮乏和对理性思考的不足；也缘于自己对自己的不自信和拖延。德性如何养成？论文的完成正是我践行的开始！我重新审视生活，规划理想，阅读经典，提升职业道德和人生境界，努力做一名德性高尚、学识渊博、教书育人的教师。

　　囿于资料与本人学养之不足，论文中疏漏、错误、不妥之处难免，敬

后 记

请学者批评赐教！另外，在写作中也参考了大量学者的文章和观点，深表谢意！参考文献中遗漏的，敬请谅解，衷心感谢。

刘芳

2016 年 3 月